Titisee-Neustadt
Schluchsee
Bonndorf
Rothaus
Hüsli-Museum
Staufen
Schönenbach
Brenden
Berau
Waldshut-Tiengen

D1829506

Richard van de Sandt

Der Südschwarzwald und seine benachbarten Landschaften

Richard van de Sandt

Der Südschwarzwald

und seine benachbarten Landschaften

Anmerkungen eines Reisenden

Im Verlag des Südkurier

CIP-Titelaufnahme der Deutschen Bibliothek
Der Südschwarzwald und seine benachbarten Landschaften:
Anmerkungen eines Reisenden / Richard van de Sandt. –
Konstanz: Verl. des Südkurier, 1991
ISBN 3-87799-098-3
NE: Sandt, Richard van de

ISBN 3-87799-098-3

Gesamtherstellung:
Druckerei Konstanz GmbH, Konstanz

Meiner Tochter Ricarda gewidmet

Inhalt

Schwarzwald

Seltsam schöne Hügelfluchten,
Dunkle Berge, helle Matten,
Rote Felsen, braune Schluchten,
Überflort von Tannenschatten!

Wenn darüber eines Turmes
Frommes Läuten mit dem Rauschen
Sich vermischt des Tannensturmes,
Kann ich lange Stunden lauschen.

Dann ergreift wie eine Sage,
Nächtlich am Kamin gelesen,
Das Gedächtnis mich der Tage,
Da ich hier zu Haus gewesen.

Da die Ferne edler, weicher,
Da die tannenforstbekränzten
Berge seliger und reicher
Mir im Knabenauge glänzten.

Hermann Hesse

Einleitung

»Für Schwarzwaldfreunde«. Was der Urlauber im Schwarzwald sucht, ist die Befreiung vom Alltagsdruck. Beim Verweilen in dieser Landschaft der Ruhe findet er allmählich wieder zu sich selbst, wobei die rasche Akklimatisierung und die heilklimatischen Faktoren ihm helfen, sich von den Verkrampfungen und dem Streß des Alltags zu erholen. So gewinnen viele Urlauber jene Vorliebe für den Südschwarzwald und seine benachbarten Landschaften, die sie dazu veranlaßt, immer wieder dorthin zurückzukehren, um diese Landschaft voller Märchen, Mythen und Schönheiten neu zu erkunden, zu erwandern und zu genießen.

Der südliche Teil des Schwarzwaldes weist die höchsten Erhebungen auf: Feldberg, Herzogenhorn, Blauen und Belchen. Hier zeigt sich der Schwarzwald von seiner einzigartigen Seite. Die Eiszeitgletscher gaben der Landschaft ein eigenes Gepräge. Als Beispiele sind die Gletscherbecken des Schluchsees und Titisees, das tiefdunkle Rund des Feldsees und die Täler zu nennen, die vom Feldberg ausgehen. Nicht zu vergessen sind auch die Kerbtäler der Alb, Schwarza, Mettma und Schlücht, die gegen Süden verlaufen. Weiter nördlich gibt es die großartigen Schluchten von Wutach und Gutach. Diese zauberhafte Landschaft ist das Ziel vieler Wanderer. Sie gilt es zu erhalten. Nur ein sanfter Tourismus wird ihr gerecht.

Der Schwarzwald fällt am Westrand zuweilen steil ab ins Rheintal. An den Hängen ziehen sich Weingärten hin. Der Reiz des Markgräfler Landes liegt im Detail, z. B. im Blumenschmuck der Häuser und in den vielen gemütlichen Weinstuben. Am äußeren nordwestlichen Rand erhebt sich der Kaiserstuhl, im Norden begrenzt die Linie Freiburg–Villingen-Schwenningen den Südschwarzwald, im Süden der Rhein mit der Schweiz und gegen Osten die Baar und die Schwäbische Alb.

Für den Südschwarzwald sind die gerundeten Geländeformen

der Bergkuppen und die Hochflächen mit Blick auf die Schweizer Alpen und die Vogesen charakteristisch.
Die Schwarzwaldregion war bis ins 19. Jahrhundert nur dünn besiedelt. Rodung und Siedlungsarbeit wurden von den Klöstern durchgeführt. In dieser Zeit rangen die Zähringer (bis 1218) und die Staufer um die Herrschaft. Die Macht der Zähringer verhinderte jedoch, daß die Staufer – seit 1079 Herzöge von Schwaben – ihr Besitztum erweitern und zusammenlegen konnten. Erst den Habsburgern gelang es schließlich, in diesem Gebiet Fuß zu fassen, das »Vorderösterreich« genannt wurde. Unter Napoleon erhielten die Markgrafen von Baden den Breisgau, wozu weitere Gebiete kamen, als nach seinem Sturz eine Neuordnung der deutschen Staaten erfolgte.
Zur Zeit Rudolfs von Habsburg hießen die Bewohner des Gebietes, das zwischen den Flüssen Wehra und Alb (in früheren Zeiten zwischen Wehra und Schwarza/Schlücht) liegt, die »Leute auf dem Wald«. Ab 1562 bezeichnete man das Gebiet als »Grafschaft Hauenstein«. Nach dem Anschluß an Baden im Jahre 1805 wurde die Grafschaft auf die Amtsbezirke Waldshut, Säckingen und St. Blasien verteilt. Einige Jahre später hat man den von Victor von Scheffel verwendeten Namen »Hotzenwald« zur Bezeichnung der ehemaligen Grafschaft Hauenstein übernommen. Das Wort »Hotz« läßt viele Bedeutungen zu: so als Bezeichnung für Bauer, dann für die gefaltete Männerhose der alten Hauensteiner Tracht, auch als Herleitung von »Hutzel« = Tannenzapfen, obwohl diese Bedeutung umstritten ist.
Die späte Besiedlung des Schwarzwaldes und seine Entdekkung als Urlaubsland hängen mit der Unwegsamkeit dieser Mittelgebirgslandschaft zusammen. Ihren literarischen Niederschlag findet sie u. a. in den »Alemannischen Gedichten« von Johann Peter Hebel (1760–1826), in den Märchen von Wilhelm Hauff (1772–1827) und dem »Trompeter von Säckingen« von Victor von Scheffel (1826–1886).
Der Schwarzwald als »Landschaft der Ruhe«. Nach dem Abendessen gehörte es zum Ritual, die Gewichte der Kuckucksuhr, die Tannenzapfen, nachzuziehen. Heute ist vieles anders. Die Bilder von früheren Zeiten strahlen Ruhe aus. Diese Ruhe

fand ich auch im Südschwarzwald, als ich dieses Buch schrieb. »All das habe ich angefangen«, so heißt es bei Marie Luise Kaschnitz, »diese Schilderung des Dorfes, doch nur, um Ruhe zu finden.«
Der Anlaß zu diesem Buch war das Werk »Der Bauernkrieg im Kreise Waldshut« von E. Müller, das mir eines Tages zufällig in die Hände fiel. Besonders beeindruckte mich die Geschichte über den Bauernführer Hans Müller aus Bulgenbach, durch die ich einen ersten Einblick in das Leben der Schwarzwälder bekam. So reifte die Idee in mir, ein Buch zu schreiben, das über Sachinformationen hinaus Lebensart und Lebensraum der Schwarzwälder aus persönlicher Sicht schildert. Es entstanden Momentaufnahmen aus der Vergangenheit und Gegenwart, aus dem Gefühlsleben und den Denkgewohnheiten der Menschen. Dabei soll der Anspruch auf Vollständigkeit nicht erhoben werden. Für weitergehende Informationen möchte ich auf die im Literaturverzeichnis aufgeführten Ortsbeschreibungen, Reiselesebücher und Bildbände hinweisen.
Vor allem aber genießen Sie die Naturschönheiten und erleben Sie die Stille und Einsamkeit des Hochschwarzwaldes, der einzigartige Miniaturen bereithält oder, musikalisch ausgedrückt, Partituren mit Adagios, Andantes und Largos in Form von eindrucksvollen Landschaften.
Ansprechen möchte ich mit meinem Buch Menschen, die Augen und Ohren für die vielen Facetten der Natur haben, die über eine gewisse Sensibilität verfügen, die Fähigkeit, Schönheit zu erkennen und zu erleben. Menschen, die für alltägliche Reize wie den Rhythmus von Licht und Schatten ebenso empfänglich sind wie für Musik und Kunst.
In diesem Sinne wünsche ich mir Leser, die mein Buch auf ihre Wanderungen durch den Südschwarzwald und seine benachbarten Landschaften als Begleiter mitnehmen.

Ein alter Schwarzwälder.

Heilklimatische Höhenluftkurorte

Klimakuren im Mittelgebirge werden immer begehrter, weil der Urlauber dort die für ihn geeigneten bioklimatischen Heilfaktoren findet. Am auffälligsten empfindet er die andersartige Beschaffenheit der Luft, die reiner, leichter, trockener und kühler ist als in der Ebene oder in den Städten. Die Sauberkeit der Luft beruht auf der Filterwirkung der Wälder, dem Fehlen von Umweltbelastungen und auch auf der reinigenden Kraft der täglich auftretenden Winde, die die Täler und Bergrücken morgens und abends reinfegen. Da die lichtstreuenden Schmutzteile in der Luft fast ganz fehlen, finden sich im Südschwarzwald und im Gebirge eine erhebliche Ultraviolett- und Infrarotstrahlung, die eine besonders günstige Wirkung auf das vegetative Nervensystem ausübt.

Was den thermischen Komplex angeht, so kommt es im Herbst und Winter oft zu einer Inversion. Im Tal herrschen Nebel und Kälte, in der Höhe Sonne und Wärme. An diesen Tagen hat man von den Gipfeln und den Höhenlagen eine herrliche Fernsicht und zugleich die Möglichkeit, bei Sonnenschein zu wandern. Besonders wichtig für die Erholung sind die kühlen Nächte, die zu einem tiefen Schlaf führen und so zu einer allgemeinen Entspannung beitragen. Durch die Abkühlung und Trockenheit der Luft entsteht ein geringerer Dampfdruck, so daß die Wärmeregulation erleichtert wird. Es kommt nur selten vor, daß die Behaglichkeitszone des Urlaubers unterschritten wird.

Ein ganz besonderer erholsamer Effekt geht von der relativ hohen Emanation der Granit- und Gneisuntergründe aus, die sich günstig auf das vegetative Nervensystem auswirkt. So benötigen die meisten Urlauber im Südschwarzwald und im Mittelgebirge eine Akklimatisationszeit von nur drei bis fünf Tagen, während diese im Hochgebirge zehn bis zwölf Tage beträgt.

Alle diese Heilfaktoren zeigen ein Reizklima mittlerer Stärke und optimaler Wirkung an, das sich vor allem günstig in den Monaten Oktober bis März auswirkt. In dem klimatologischen Gutachten von Professor Dr. med. Wetzel, Bad Säckingen, heißt es: »Als wertvoller Faktor bringt der Waldreichtum günstige Einflüsse mit sich. Diese sind vor allem im thermischen Bereich zu suchen, wobei der Wald sowohl vor zu starker Sonneneinstrahlung im Hochsommer schützt als auch schroffe Temperaturgegensätze durch hohe Feuchtigkeitsabgabe mildert. Der günstige Feuchtigkeitsgehalt der Luft ist besonders für die Schleimhäute der Atemwege von Bedeutung. Der Wald gibt aber auch Duftstoffe ab, die Terpene und ätherische Öle enthalten, die die Luft würzig und angenehm machen, einen stimulierenden Einfluß auf die Atmung haben und gleichzeitig heilsam auf die Schleimhäute der oberen und unteren Luftwege wirken. Es findet aber auch eine Reinigung der Luft von schädlichen Aerosolen statt, die durch die Feuchtigkeit niedergeschlagen werden.

Sichergestellte Wirkungen des Klimas sind vor allem in der Regulation eines gestörten vegetativen Gleichgewichtes zu sehen. So erklären sich z. B. die günstigen Wirkungen bei Asthma bronchiale und anderen vagotonen Reaktionsstörungen. Andererseits können aber auch Verschiebungen im vegetativen Nervensystem nach der ergotropen Seite, z. B. Managersyndrom, ferner schilddrüsenbedingte Stoffwechselsteigerungen, eine Dämpfung durch den Abbau von Reizfaktoren auf den Sympathikus erfahren.

Die Kreislauforgane werden durch ein Klima bis zu einer Höhe von 800–1000 Meter nicht wesentlich beansprucht. Es bestehen daher auch keine Bedenken, Herzkranke im Stadium der Kompensation, Kranke mit Angina-pectoris-Beschwerden und solche mit konsolidierten Herzinfarkten zur Nacherholung in das Mittelgebirge zu schicken. Ungünstige Rückwirkungen sind nur dann zu erwarten, wenn gleichzeitig eine Lungenerweiterung besteht, die bereits zu einer deutlichen Einschränkung der Atemreserven geführt hat.

Auch die Hypertonie eignet sich für eine Behandlung, ferner alle Allergosen, zu denen u. a. auch chronische Ekzeme gehören, ferner chronische Erkrankungen der Verdauungsorgane, insbe-

Strasbourg, typographie de G. Silbermann.

PAYSAN DU HAUENSTEIN (près de Bâle).

Hauensteiner Volkstracht.

Hauensteiner Volkstracht.

Hauensteiner Volkstracht.

Alte Triberger Volkstracht.

sondere Ulcuskrankheit, aber auch körperliche und seelische Erschöpfungszustände, die einer allgemeinen Rehabilitation bedürfen.
Ein weiteres Charakteristikum des Klimas ist in seinem Wechsel von Sonneneinstrahlung und Niederschlägen zu sehen, wie er sich aus dem Relief der Landschaft von West nach Ost ergibt. Die dadurch bedingten – auch im Hochsommer vorhandenen – oft erheblichen Temperaturschwankungen wirken sich günstig auf die Vasomotoren der Haut aus. Die Ansprechbarkeit der Vasomotoren der Haut ist aber eine Grundvoraussetzung für die Widerstandsfähigkeit des Körpers gegen Infektionen, also letztlich auch für dessen Grunderhaltung.
Orte an der Grenze eines Schon- und eines Reizklimas eignen sich besonders für Kranke mit größerer Ruhebedürftigkeit.«

S

Somit bietet der Schwarzwald auch für gestreßte Manager geeignete Orte zur Erholung vom Alltag.
Heilanzeigen ergeben sich für:

- Erkrankungen der oberen und unteren Luftwege,
- vegetative Dystonie,
- allergische Diathesen,
- Schonkuren nach schweren Erkrankungen,
- nervöse Erschöpfungszustände,
- Augenerkrankungen.

◁ Wappen von fünf Gemeinden im Südschwarzwald (von links nach rechts):

Häusern. In Gold eine rote Burg mit drei Zinnentürmen (1904).

Höchenschwand. In gespaltenem Schild vorn in Blau ein linksgewendeter, steigender goldener Hirsch, hinten der österreichische Bindenschild (1906).

Brenden. In gespaltenem Schild vorn in Blau ein linksgewendeter, steigender silberner Hirsch, hinten in Silber ein roter Rost (1904).

Schluchsee. In Blau ein silberner Hirschkopf, zwischen den Geweihstangen schwebend das silberne Ortszeichen (1897).

Menzenschwand. In Blau auf grünem Schildfuß ein linksgewendeter, liegender silberner Hirsch (1911).

Häusern

Häusern im Wandel der Jahrhunderte

Häusern liegt 889 Meter ü. d. M. auf einem Bergrücken zwischen den Kerbtälern der Alb und der Schwarza.
Der historische Ursprung dieses Schwarzwaldortes auf der Höhe eines ehemals unwirtlichen Waldgebietes läßt sich nicht eindeutig datieren. Seine Entstehungsgeschichte ist in die Geschichte des Klosters St. Blasien eingebettet.
Das Gebiet um St. Blasien war der Albgau, der sich zwischen die bereits vorhandenen Gaue Breisgau und Klettgau wie ein Keil hineinschob. Namen von Wirtshäusern wie »Auf der Alp« erinnern an den Gau der »Alpen und Almen«. Später gehörte dieses Gebiet bis 1806 zur habsburgischen Interessensphäre und wurde aus diesem Grunde auch »Vorlande« und dann »Vorderösterreich« genannt, so daß die Bewohner dem zuerst in Hauenstein und dann in Waldshut wohnenden Waldvogt untertan waren, der wiederum bis 1648 der vorderösterreichischen Regierung in Ensisheim im Elsaß und danach in Freiburg verantwortlich war.
Häusern bestand zunächst aus den drei Höfen »Altehof«, »Schmiedenhof« und »Hasenhof«, nach welchem es »Hasenhäusern« genannt wurde. Diese Höfe wurden 1892 und 1928 durch Feuer vernichtet.
Der Weiler »zuo den hüseren« entwickelte sich im 10. Jahrhundert zusammen mit dem Dorf Höchenschwand. Das deutet darauf hin, daß es zwischen den beiden Orten keine eindeutige Grenzlinie gab, die die beiden Gemarkungen voneinander trennte.
Die erste Ansiedlung war der große Hof Wittlisberg (1092 Witelisperk = Siedlung eines Witilo), für den vermutlich im Auftrag des Grafen von Nellenburg durch Rodung Platz geschaffen werden mußte. Dann fiel der Hof an das Koster St.

Blasien, das ihn als Mönchshof bewirtschaftete. 1330 wurde der Bruderhof in ein Erblehen umgewandelt und zugleich ein Weinmenigut. Der Besitzer eines solchen Hofes war dem Kloster gegenüber verpflichtet, jährlich zwei Weinfuhren aus dem Breisgau oder Markgräflerland nach St. Blasien zu befördern. In Ihringen besaß das Kloster einen großen Rebhof. Kleinere Wimenihöfe im Hotzenwald mußten Wein in Koblenz am Hochrhein abholen, der aus Weingütern aus dem Gebiet Zürich und Aargau stammte. Im Herrschaftsbereich des Klosters gab es 55 Wimenigüter (Wi[n]meni = Weinfuhre, das sich aus dem französischen mener = men = auf einem Wagen befördern ableitet), die nicht geteilt oder entfremdet werden durften. Für die Weinfuhre stellte das Kloster den Wagen und die Fässer zur Verfügung, die Bauern brachten die Zugtiere. Die Weinfuhre, die von dem Waldpropst geleitet wurde, setzte sich in der Regel aus sechs bis acht Fässern zusammen. Der Propst hatte für die Nahrung zu sorgen, die aus Käse, Brot und Wein bestand.

1328 zählte man in Häusern zehn Bauernlehen und sechs sonstige Güter.

Im Jahre 1375 bestand Häusern aus sieben größeren Höfen und 21 Häusern, die auf folgenden Fluren gebaut worden waren: in den Hasenhäusern, am Cheinbach, Tonbach und auf dem Wittlisberg.

Das Kloster St. Blasien hatte die Vogteien Bernau und Menzenschwand vorwiegend durch Rodung geschaffen, während es die Vogtei Höchenschwand mit Häusern und anderen Orten durch Landkauf südlich des Höchenschwander Berges und des Dachsberges bis hinunter zum Hochrhein erweiterte, so, wie es die Klöster Allerheiligen in Schaffhausen und St. Gallen vorgemacht hatten. Das Kloster St. Blasien erwarb den dem Kloster St. Gallen gehörenden Meierhof zu Nöggenschwiel mit allen Rechten, den Menschen, der Gemarkung, der Niedergerichtsbarkeit und dem Patronatsrecht von Konrad von Krenkingen. Schon wenige Jahre später gehörten dem Kloster auch alle Rechte und Bewohner des Dorfes Nöggenschwiel.

Dort, wo gerodet wurde, gab es mehr Freie als Leibeigene. Nur so war es den Klöstern möglich, Rodungsbauern zu bekommen. Rodungsland wurde zum Allodialbesitz (Eigengut) des

St. Fridolin.

Rodungsbauern, der für eine bestimmte Anzahl von Jahren abgabefrei war. Das Risiko der Rodungsinvestition trugen das Kloster oder der Landesherr. Leibeigenschaft, die ab 1705 nur noch »Eigenschaft« hieß, war eine auf die Nachkommen übergehende Abgabe- und Dienstleistungspflicht gegenüber einem Leibherrn und dessen Erben oder einem Kloster, mit der gewisse Beschränkungen der persönlichen Freiheit verbunden waren. Die Zeit der Leibeigenschaft endete erst, als die genannten Schwarzwaldorte dem Großherzogtum Baden zugeordnet wurden.

Das Haus Habsburg besaß viele »vrige luite«, die sich zur Hauensteiner Einung zusammenschlossen, um sich den Verpflichtungen der Leigeigenschaft entziehen zu können. Das Kloster St. Blasien, das eine gewisse Selbständigkeit auch dem Reich gegenüber bewahren wollte, konnte sich gegen den

Freiheitsdrang der Bewohner der Vogtei Hauenstein nicht durchsetzen, obwohl es immer wieder versuchte, diesen zu unterdrücken. Wo es irgendwie möglich war, hat das Kloster den Hauensteinern den Weg in die Freiheit verwehrt.
Das politische Ziel des Klosters war es nämlich, die Anzahl der Leibeigenen zu mehren. Dagegen unterstützten die Landesfürsten und die Waldvögte die bäuerlichen Freiheitsbestrebungen. Das Kloster St. Blasien hat der Landflucht der Menschen zu Beginn des Industriezeitalters entgegengewirkt, die Menschen allzulange in seinem Bann gehalten und zur Hebung des Lebensstandards kaum etwas beigetragen. Erst mit der Säkularisation des Klosters St. Blasien im Jahre 1806 vollzog sich endgültig die Abwanderung der Bauern in den Dienst des aufstrebenden Bürgertums, in die Fabrik oder in die Stadt.
Die Hauensteiner Einung ist nach dem Vorbild der schweizerischen Urkantone gebildet worden. Der Einungsmeister der jeweiligen Einung ging aus freier Volkswahl hervor, und zwar am St. Georgstag. Aus ihrer Mitte wählten die Einungsmeister in Görwihl dann den Redmann. Den Einungsmeistern oblag die Bewilligung von Steuern und deren Verwaltung, die Teilnahme an den drittständischen Konferenzen zu Freiburg und die Einflußnahme auf das Zustandekommen von Beschlüssen aufgrund der jeweiligen Tagesordnung. Diese Selbstverwaltung dauerte bis 1738 an, als die bloße Leibfreiheit einer Minderheit der Bewohner nicht mehr genügte und diese gegenüber dem österreichischen Kaiserhaus Forderungen erhoben. In der Folge kam es zu Unruhen, welche niedergeschlagen wurden. Die Hauensteiner Verfassung wurde in einzelnen Punkten geändert, der Redmann wurde dem Waldvogt unterstellt, und die Einungsmeister wurden auf unbestimmte Zeit eingesetzt.
Die Bevölkerung auf den Schwarzwaldhöhen nahm nur langsam zu. Hohe Kindersterblichkeit, Hunger, Arbeitsunfälle im Wald und Seuchen (»Schwarzer Tod« um 1350) waren die wesentlichen Gründe. Nicht alle Bewohner konnten sich im Dorf selbst ernähren. Manche waren schon außerhalb ihres Dorfes tätig. Umgekehrt zogen von den Städten Handwerker, wie Bandmacher, Schellin (Schellenmacher) und Schmied, in den Wald. Auf der Höhe waren der Käser (Familienname

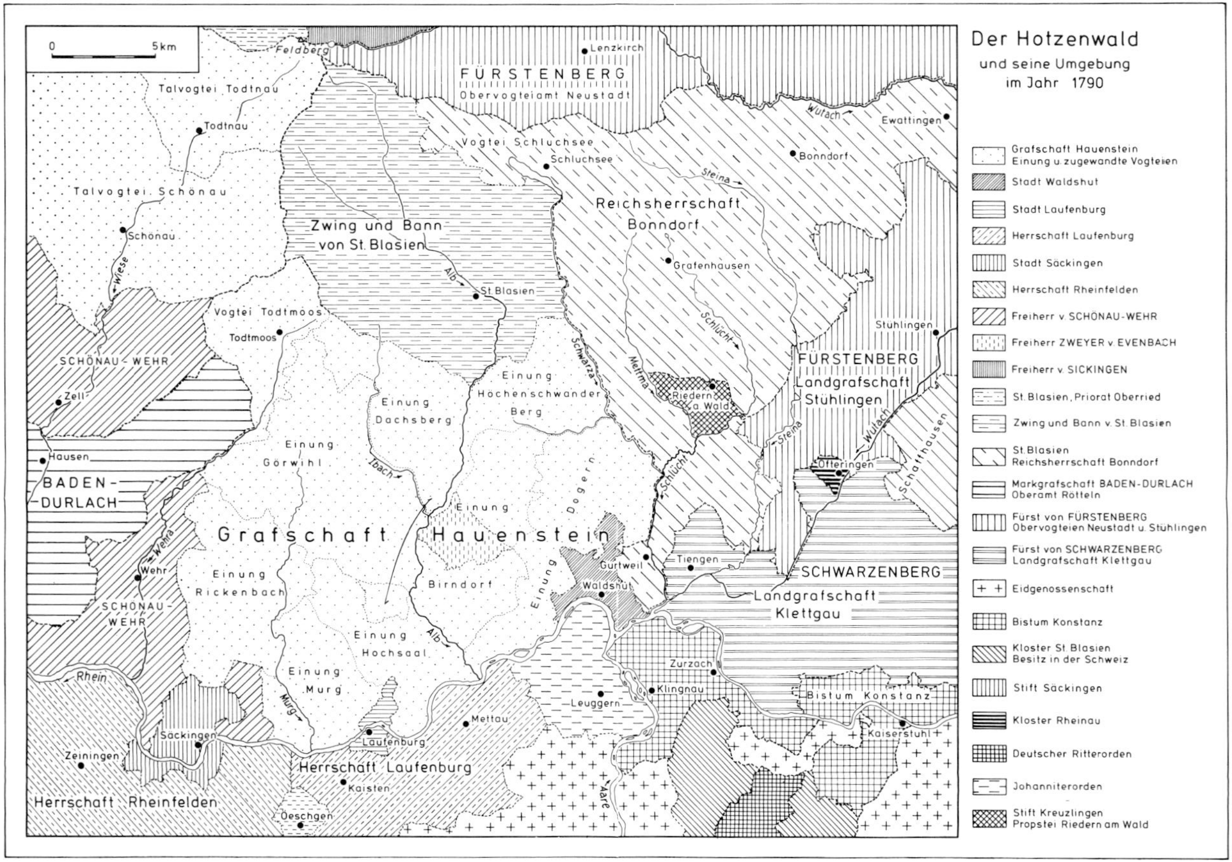

Historische Übersichtskarte: Frühere Herrschaftsgebiete im Hotzenwald und am Hochrhein im Jahr 1790.
(© 1980 Moritz Schauenburg Verlag, Lahr/Schwarzwald. Kartenanhang zu Metz, *Hotzenwald*.)

Kaiser), der Müller und der Hag (Hagmacher) zu Hause. Eigennamen wie Küchenmeister und Pfister (Bäcker) weisen auf die Bindung zum Kloster St. Blasien hin.
Im 16. Jahrhundert zählte Häusern zu den am weitesten entwikkelten Siedlungen der Gegend, erhielt anstelle eines Dorfmeiers einen Geschworenen und wurde Ende des 18. Jahrhunderts selbst zu einer Vogtei, in die Höchenschwand eingegliedert war.
1598 kam es wegen der Abgabe eines Pfennigs zu Streitigkeiten und Unruhen. Für jedes Maß (1,5 l; ein Schoppen=¼ Maß), das im Wirtshaus oder zu Hause getrunken wurde, verlangte man ein Umgeld (Ungeld, Akzise). Selbst der Marsch auf Waldshut am 30. August 1614 bewirkte keine Abschaffung dieser Abgabe.
Im Jahre 1632 gestattete das Kloster den Bau einer hölzernen Deichelleitung, um dadurch in der Lage zu sein, die drei Brunnen im Dorf mit frischem Quellwasser zu versorgen. Die Bewohner mußten dafür einen Haferzins entrichten, der 1643 in einen Geldzins von jährlich 18 Kr (Kreuzer=Kr=xr) umgewandelt wurde. Um die Abgabe des Zehnten kümmerte sich ein »Kuchimeister«. Diese Abgabe wurde zunächst von einem Laien, dann aber später von einem Klosterbruder eingenommen.
Der Dreißigjährige Krieg brachte viel Unheil über den Schwarzwald. Ende 1632 tauchten erstmalig Schweden auf, die fürchterlich im Hotzenwald hausten. Die Schweden nahmen Rheinfelden ein, nachdem sie die kaiserlichen Truppen besiegt hatten. Der Schwedenfelsen im Schlüchttal in der Nähe von Witznau erinnert an die grausame Zeit.
Im Herbst 1638 erschienen erneut kaiserliche und auch spanische Truppen, die das Gebiet beidseits der Wutach und der Alb besetzten und plünderten. Auch der bis dahin verschonte Brendener Bergrücken wurde von diesen Truppen erobert und heimgesucht. Die Bevölkerung geriet durch wechselnde Einquartierungen, Durchmärsche und Requisitionen unter Durck. Noch einmal tauchten die Schweden auf und verwüsteten die Gegend um Gurtweil. 1642 kam es in Menzenschwand zu einem blutigen Scharmützel zwischen einer kaiserlichen und

einer schwedischen Streife. Zuallerletzt marschierte der französische Marschall Turenne von Rheinfelden über Laufenburg und St. Blasien nach Lenzkirch. Ruhe kehrte erst 1652 ein, als Österreich das Besitztum wiedererlangte. Bis zu diesem Krieg war die Bevölkerung rein alemannisch geprägt gewesen. Jetzt kamen mit dem Einzug der Soldaten und dem Zuzug von Leuten aus dem Markgräflerland (Glaser), der Schweiz (Bauern und Handwerker) und Tirol (Schnefler und Hobelmacher) fremde Einflüsse ins Land.

Unter Kaiser Franz I. erfolgte 1772 die Aufhebung der Leibeigenschaft. Die Kriegserklärung an Frankreich brachte gewaltige Änderungen mit sich. Die anfänglichen Erfolge der kaiserlichen Truppen konnten die französische Armee jedoch nicht aufhalten. Es kam erneut zu Einquartierungen und viel Leid. Auf ein Dekret Napoleons hin fielen der Breisgau, die Grafschaften Bonndorf und Hauenstein an Baden. Das Kloster St. Blasien wurde säkularisiert.

Die Bewohner von Häusern gehörten kirchlich bis 1787 und 1790 bis 1804 zur Pfarrei Höchenschwand, 1787 bis 1790 und ab 1804 bis 1951 zur Pfarrei St. Blasien.

Die Gemeinde Häusern mit Schwarzhalden wurde 1787 durch Entscheidung der kaiserlichen und königlichen Regierung in Wien der Pfarrei St. Blasien eingegliedert. Mit dieser Entscheidung war Häusern nie einverstanden gewesen, da die Bewohner nun statt des kurzen Weges nach Höchenschwand einen langen Fußmarsch nach St. Blasien auf sich nehmen mußten. Vor allem durch die tief verschneite Winterlandschaft war der Weg mühsam. Die rechtliche Eingliederung nach St. Blasien erfolgte erst am 21. April 1808 durch einen badischen Verwaltungsakt.

Häusern war bis 1806 ein Weiler, dann wurde es eine Geschworenei der Vogtei Höchenschwand. Nach 1806 wurde Häusern eine selbständige Vogtei und schließlich um 1810 eine selbständige Gemeinde im Großherzogtum Baden.

1813 verbot die Regierung den Handel mit anderen Uhren als den Schwarzwalduhren, um die heimische Manufaktur zu beleben. Im selben Jahr bot die Domänenverwaltung die Mahl- und die Ölmühle in der Nähe des Wittlisberger Hofes zum Verkauf

△ Hotel Adler. ▽ Wirtshausschild des Hotels Adler.

an, die dann auch 1815 von der Gemeinde Häusern erworben wurden, um die Grundstücksflächen unter den Bewohnern aufzuteilen.
1860 erhielten der Adlerwirt Benedikt Zumkeller und dessen Frau das Bürgerrecht. Sie bezahlten dafür den Betrag von 44,51 Florin.
In den Jahren 1850 bis 1875 kam es vermehrt zu Auswanderungen nach Amerika. Unter den Ausreisenden waren folgende Gruppen: 1. Bewohner, die man mit gemeindlicher und staatlicher Hilfe abschob, um die Anzahl der zu unterstützenden Armen einer Gemeinde zu verringern, 2. Bewohner, die das verarmende Land freiwillig verließen, und 3. jene Bewohner, die mit der politischen Entwicklung in ihrer Heimat nicht einverstanden waren.
Zum 1. April 1924 wurde der Amtsbezirk St. Blasien aufgelöst. Fortan gehörte Häusern zum Amtsbezirk Neustadt.
Östlich von Häusern hat das Schluchseewerk in Schwarzabruck in den Jahren 1929 bis 1934 das Schwarza-Staubecken mit dem Kraftwerk Häusern errichtet. Eine 45 Meter hohe Staumauer von 160 Meter Länge staut ein 0,95 Kilometer langes Speicherbecken auf, dessen Stauziel in 723 Meter Höhe liegt. Beim Bau des Staubeckens wurde die Sägmühle Schwarzabruck überflutet.
1951 wurde Häusern zusammen mit Blasiwald eine selbständige Kirchengemeinde, die sich von St. Blasien loslöste. Die Kirche, die an der Stelle einer Kapelle von 1849 auf einem Rundhöcker aus Granit von St. Blasien gebaut und 1976 erneut umgebaut wurde, ist dem Schutzpatron Fridolin geweiht, dessen Fest alljährlich am Sonntag nach dem 6. März gefeiert wird. In der Kirche befindet sich ein altes Votivbild mit der Gottesmutter sowie den Heiligen Martin und Margaretha, das einem Holbein-Schüler zugeschrieben ist. Seit 1978 gehört Häusern wieder zur Kirchengemeinde Höchenschwand.
Im Labacher Holz bauten die Gemeinden Häusern und Höchenschwand 1973 bis 1975 ein beheiztes Schwimmbad, das am höchsten gelegene Freibad Deutschlands mitten im Wald.
Nach der Bildung des Landes Baden-Württemberg blieben die

Gemeinden und Landkreise zunächst in ihrer Struktur unverändert. Im Hotzenwald wurden 1973 die Siedlungen der ehemaligen Grafschaft Hauenstein wieder in einem einzigen Landkreis, dem Landkreis Waldshut, vereinigt, und die bisherigen Kreise Neustadt und Säckingen wurden damit aufgelöst. Am 1. Juli 1974 wurde Häusern als selbständige Gemeinde in den Landkreis Waldshut eingegliedert.

»Die Fundgrube« gegenüber dem Hotel Adler.

Ausleger der »Fundgrube«.

Den Ort der Jugend, von dem man lange abwesend war, kann man nicht einfach besuchen wie Orte der Gegenwart. Denn er ist mit Erinnerungen verknüpft, die einen freudig und heftig überfallen können. Erinnerungen, die vielleicht auch einen Kontrast zur veränderten Gegenwart bilden. Aber das Haus meiner Jugend hatte sich nach 30 Jahren fast nicht gewandelt: das Holz, die Balken, die unterteilten Fenster, klein wie Bullaugen, das Fachwerk, die niedrige Haustür, die ich oft mit freudig klopfendem, manchmal auch mit ängstlichem Herzen geöffnet hatte – wenn ich gemeinsam mit Schulkameraden und meinem jüngeren Bruder Lausbubenstreiche im Dorf verübt hatte –, alles war nahezu genauso wie damals. Unsere Mutter war herzensgut, aber streng und gerecht gewesen. Und das mußte sie sein, denn der Vater war nicht im Ort tätig. Die Haustür ruft mir alles Glück meiner Jugend vor Augen. Ich sehe sie jetzt mit den Augen eines Mannes im reifen Alter. Aber ich kann mich erinnern, wie sie den Augen des Jugendlichen erschien.
Sonst hat sich viel in den letzten Jahrzehnten geändert. Vieles ist herausgeputzt. Häusern ist ein schmuckes Dorf geworden. Da ist noch die Hauptstraße mit der Geschenkboutique Kaiser und dem Hotel Adler. Aber heute gibt es mehr Gasthöfe als Bauern-

Restaurant »Chämihüsle« im Hintergrund (St.-Fridolin-Straße).

Modernes Schwarzwaldhaus.

höfe. Das Dorf hat sich gewandelt. Es ist ein beliebter Höhenluftkurort geworden. An manchen Stellen leuchten Birkenstämme im Sonnenlicht. Die Sonne verwandelt die Landschaft, aber auch mich mit meinen Empfindungen. Farben werden doppelt kräftig, das Grün der Wiesen wird tiefgrün, das Grün der Blätter helleuchtend, und die weißen, vom Fachwerk unterbrochenen Fassaden strahlen Frische aus.
Nach einem heftigen Regenguß ist alles wie blankgeputzt. Die Erde dampft. Ein Nebelschleier liegt über den Straßen und zaubert mich in die Jugend zurück. Die Sonne bricht durch und wärmt mich auf. Jetzt leuchtet plötzlich das Gelb des Löwenzahns wie ein goldfarbenes Meer. Ich werfe mich in die noch feuchte Wiese und atme tief die Luft in meine Lungen ein. Sie durchflutet mich. Ich beginne zu singen, leise vor mich hin, eine Volksweise aus der Kinderzeit. Die Sonne blendet mich, ich fühle, wie sich ihr Licht über mich ergießt. Ich reiße ein paar gelbe Blüten ab, kaue daran, ja, ich schmecke den Frühling, der sich in einer großen Farbenpracht darbietet, den Vorboten des Sommers, der nicht mehr aufzuhalten ist.

Höchenschwand

Höchenschwand im Wandel der Jahrhunderte

Oben am Kirchplatz der St.-Michaels-Kirche scheint man dem Himmel nahe zu sein. Vom alten Ortskern reicht der Rundblick weithin über Wiesen, Felder und Wälder. Die Höhenzüge des Südschwarzwaldes mit ihren tief eingeschnittenen Flußtälern bauen sich allmählich zum Hochrhein hin ab. Dahinter steigt das Juragebirge jenseits der Schweizer Grenze auf, und an klaren Tagen erscheint die Alpenkette mit den markanten Gipfeln als ein herrliches Panorama am südlichen Horizont.

Blick auf Höchenschwand.

Höchenschwand um 1899.

Höchenschwand liegt 1008 Meter ü. d. M. auf einem Plateau zwischen den Kerbtälern der Alb und der Schwarza. Dieses Plateau läßt sich am besten als »Höchenschwander Bergrükken« bezeichnen.

Die Besiedlung der Hochflächen des Hotzenwaldes, der das Gebiet von der Wehra bis zur Steina umschließt, erfolgte etappenweise entsprechend der Landschaftsstruktur. Die Hochflächen fallen treppenförmig vom Feldberg zum Hochrhein – Rheinabschnitt vom Bodensee bis Basel (141 Kilometer lang) – hin, so daß alle Flüsse und Bäche eine südliche Richtung haben. Der Siedlungsraum weist daher Höhenlagen von 1200 Meter und Tieflagen bis zu 300 Meter auf. Der treppenförmige Anstieg vom Hochrhein bis hinauf zum Wehrberg, Dachsberg, Höchenschwander Berg, Brendener Berg und letztlich Hürrlinger Berg bedingte eine schrittweise Besiedlung. Das spät

Höchenschwand um 1915.

erschlossene Siedlungsgebiet wird daher auch als »hinterer Wald« bezeichnet.

Die Rodungsmethoden waren entweder das »Brennen« (Brandrodung) oder »Schwenden« (Abschälen von horizontalen Rindenstreifen, das ein Absterben der Bäume zur Folge hat). Welche Rodungsart angewendet wurde, läßt sich an Ortsbezeichnungen feststellen. Aus Hachinsvanda wurde im Laufe der Zeit Hächinswand und schließlich Höchenschwand, was wohl soviel wie die »höchste Schwand« bedeutet.

Das Kloster St. Blasien richtete in Höchenschwand einen Bruderhof ein, der von Laienbrüdern bewirtschaftet wurde. Dieser Hof wurde in einen Lehenhof umgewandelt, weil das Kloster nicht über genügend Laienbrüder verfügte. Der Hof zu Hächinswand wurde 1330 in einen oberen und unteren Weinmenihof geteilt. Die Besitzer mußten zweimal im Jahr Wein für

Höchenschwand um 1925.

den Klosterkeller aus Bad Krotzingen oder Koblenz am Hochrhein befördern. Weitere Höfe in Höchenschwand waren der Tafern(Mesner)hof, der Haslerhof, der Widdumhof und die Labacher Höfe. Der Tafernhof wurde 1560 neu aufgebaut und war Stätte des Wochengerichts für die Klosterleute unter der Führung des Waldpropstes. Außerdem war mit dem Hof ein Schankrecht verbunden, wonach an Gerichts- und Amtstagen die Wirtschaft offenzuhalten war. Ebenso mußte Futter für die Reittiere bereitgestellt werden.

Im 16. Jahrhundert gab es eine Glashütte auf dem Höchenschwander Berg. Daneben spielten auch die Köhlerei und Harzerei eine Rolle.

Der Herrschaftsbereich des Klosters St. Blasien nahm durch den *Zwing und Bann* eine Sonderstellung ein. Dieser bestand aus den vier Vogteien: Bernau, Höchenschwand, Ibach und Men-

zenschwand. Im 16. Jahrhundert kam noch die Vogtei Blasiwald hinzu. Im Zwing und Bann war der Abt der alleinige Leib-, Grund- und Niedergerichtsherr (juristische Zuständigkeit für kleine Vergehen und Streitigkeiten). Ihm fehlte jedoch die Hochgerichtsbarkeit, die der Waldvogt als Verwalter der Interessen des Hauses Habsburg in der Grafschaft Hauenstein ausübte. Das Nebeneinander von Grafschaft Hauenstein und Klosterstaat bewirkte ein Mit- und auch ein Gegeneinander.
Über mehrere Jahrhunderte hinweg versuchte das Kloster, die Hochgerichtsbarkeit zu erlangen, durch die es einen Zugriff auf die Grafschaft Hauenstein innegehabt hätte. Das führte zu Spannungen mit der Hauensteiner Einung. Trotz aller finanziellen Zuwendungen sah das Kloster die einzige Möglichkeit darin, den Klosterbezirk aus dem Einungsverband herauszulösen, um im Zwing und Bann die Hochgerichtsbarkeit zu bekommen. 1596 erwarb St. Blasien den Zwing und Bann pfandschaftsweise als Hochgerichtsbezirk. In der Herrschaft Bonndorf besaß der Abt selbst das Hochgericht. Der Scharfrichter für Zwing und Bann wie für Bonndorf wohnte im 18. Jahrhundert in Grafenhausen.
Das Gericht für den Zwing und Bann, das vorher in Höchenschwand und Urberg stattgefunden hatte, wurde 1597 nach St. Blasien verlegt. Der Galgen stand aber noch 1597 auf dem Kalvarienberg bei St. Blasien. Später errichtete man ihn auf einem Rundhöcker im Albtal an der Stelle, wo sich die Bernauer und Menzenschwander Alb vereinigen. In der Nähe war der Platz, wo Enthauptungen vorgenommen wurden.
Der Zwing und Bann war somit 1597 aus der steuerlichen Hoheit der Grafschaft Hauenstein ausgeschieden. Erst Kaiser Josef I. bestätigte 1705 die Pfandschaft auf unbestimmte Zeit, womit der Zwing und Bann endgültig von der Grafschaft Hauenstein getrennt war. Er gehörte wie auch das Kloster St. Blasien weiterhin zu Österreich.
Unter Abt Uto Graf von Kyburg (1086–1108) entstand in Höchenschwand eine Kirche, die man dem heiligen Erzengel Michael weihte. Während Höchenschwand dem Kloster St. Blasien bis 1787 unterstand, waren die Orte um Höchenschwand wie Amrigschwand, Ellmenegg, Ober- und Unter-

weschnegg, Segalen und Strittberg bis 1577 der Pfarrei Weilheim zugeteilt.
Laut eines kaiserlichen Dekrets im Jahre 1787 waren alle von Klöstern betreuten Pfarreien zu verselbständigen, so daß eine Pfarrei erstmals gebildet und mit einem Pfarrer besetzt werden konnte. Im Taufbuch findet man unter dem Ortsteil Häusern am 6. Mai 1787 die erste Eintragung des Pfarrers:

> »P. Mätthäus Becherer, hoc ipso die primus
> Parochus localis in Höchenschwand praesentatus«
> (an eben diesem Tage als erster Ortspfarrer
> in Höchenschwand vorgestellt).

Der »Zwing und Bann« des Klosters St. Blasien nach der Grenzbeschreibung von 1328 und dem Umrittsinstrument von 1597.

Die Tauf-, Ehe- und Verstorbenenbücher waren auf dem Konzil von Trient (1545–1563) für alle Pfarreien angeordnet worden. Es dauerte aber noch lange, bis sich diese Aufzeichnungspflicht durchsetzte.
In den Jahren 1787 bis 1788 baute St. Blasien ein Pfarrhaus in Höchenschwand, so daß die Pfarrei gebildet werden konnte.
In der Zeit der napoleonischen Kriegszüge wurde der Südschwarzwald von französischen Truppen heimgesucht. Die Bergdörfer Höchenschwand, Häusern, Brenden, Schluchsee sowie Menzenschwand erlebten häufig wechselnde Besatzungen, die alle zu verköstigen waren. Die Ortschaften verarmten. Auch wußte man zu jener Zeit nicht, wo man eigentlich hingehörte, da sowohl eine kirchliche als auch eine weltliche Obrigkeit fehlten.
In der Phase der Industrialisierung erlebten die Bergdörfer keine wirtschaftliche Belebung, und ihre Bewohner waren frühzeitig dazu gezwungen, zu pendeln. Die Pfarrer machten Eingaben an die Regierung in Karlsruhe, diese Gebiete industriell nicht zu vernachlässigen. Daher ließ die Regierung 1850 in Höchenschwand eine Strohflechtschule errichten, die vielen Frauen eine Verdienstmöglichkeit brachte. 1866 gründete Adolf Kaiser eine Strohhutfabrik, in der er bis zu 600 Mitarbeiter beschäftigte. In den 20er Jahren des 20. Jahrhunderts wurde die Fabrik dann zum ersten Sanatorium »Sonnenhof« umgebaut.
Den Wandel des Dorfes Höchenschwand, genannt auch »Dorf am Himmel«, in einen heilklimatischen Kurort vollbrachten im Jahre 1936 zwei Bürger der Ortschaft, der Hotelier Bernhard Porten und der Arzt Dr. W. Bettinger. Beide gründeten 1934 in Zusammenarbeit mit der Universitäts-Augenklinik Freiburg die Augenheilstätte Sonnenhof, die erste und größte ihrer Art in Deutschland. 1953 erhielt Höchenschwand dann die Anerkennung als heilklimatischer Kurort.
Um 1330 soll es schon einen Tafernhof gegeben haben, dessen Name sich von der altrömischen Taverne ableitet. Aus ihm erwuchs um 1800 das Gasthaus »Zum Ochsen«. Augustin Maier aus Menzenschwand kaufte den »Ochsen« und baute ihn 1873 zum »Gasthof Höchenschwand« aus. Dieses erste Haus am Platz entwickelte sich weiter zum »Hotel Höchen-

Michaelskirche.

schwand« und 1895 zum »Kurhaus Höchenschwand«. Im Schwarzwaldführer des Verlagshauses Dr. C. W. Schnars aus dem Jahre 1876 wird das Hotel Höchenschwand als »ein mit allem Comfort ausgerüstetes Kur- und Fremdenhotel mit etwa 50 Zimmern, Aussichtsbalkonen, einem geschmackvollen Speisesaal, Lesezimmer mit Bibliothek, Damenzimmer mit Pianoforte, Spielzimmer und Weinstube« ausgezeichnet.

Im Jahre 1868 gründete die badische meteorologische Zentralanstalt die Station Höchenschwand, deren Aufgabe es war, auf wissenschaftlicher Grundlage wasserwirtschaftliche Beobachtungen durchzuführen. Zu dieser Aufgabe kamen später die Forschungen über die Wirkung des Klimas auf den menschlichen Organismus, besonders über die Heilwirkung, dazu. So bestehen zum Beispiel enge Wechselbeziehungen zwischen dem Stoffwechsel des menschlichen Körpers und der Wärmemenge, die er an die Umgebung abgibt. Als Maß hierfür ist die Abkühlungsgröße eingeführt worden, die aus den Beobachtungen der Station berechnet werden kann. Je nach Abkühlungsgröße entstehen unterschiedliche Reizwirkungen. Die Stoff-

wechselförderung festigt oder stärkt den menschlichen Körper (Reizklima). Des weiteren ist die Strahlung der Sonne ein wichtiger Heilfaktor. Im Gegensatz zu der reinen Luft in diesen Höhenlagen fangen unreine staub- und wasserdampfhaltige untere Luftschichten diese Strahlung oft fast völlig ab.
Im Februar 1935 wurde die meteorologische Station Höchenschwand zur Wetterstation, die heute dem Wetteramt Freiburg untersteht. Tägliche Aufgabe der Station ist es, Messungen des Luftdrucks, der Temperatur, des Dampfdrucks, der relativen Luftfeuchtigkeit, Windrichtung und -stärke, der Form und des Zuges der Wolken, der Sicht, der Niederschläge, der Sonnenscheindauer, der ultravioletten Strahlung vorzunehmen und im Winter auch noch Aussagen über Schnee, Schneehöhe und Wintersportverhältnisse zu machen.
Die heutige St.-Michaels-Kirche, die die höchstgelegene Pfarrkirche in Baden war, wurde 1893 bis 1895 gebaut; sie enthält noch einige ältere Bauteile, wie aus der Jahreszahl 1661 am Seiteneingang zu entnehmen ist.
In den Jahren 1963 bis 1964 baute man die evangelische Johanneskirche, die ein Zeltdach besitzt, das an ein Schwarz-

Am Park.

Das Schild als Visitenkarte: Kurhaus-Hotel Porten.

waldhaus erinnern soll. Das Altarkreuz ist mit zwölf Bergkristallen besetzt, die die zwölf Apostel symbolisieren. Seit 1988 gibt es die selbständige evangelische Pfarrei Höchenschwand-Häusern.
Höchenschwand gehört mit Amrigschwand und Tiefenhäusern als Gemeinde dem Landkreis Waldshut an.

Höchenschwander Berg

Eine landschaftlich wunderschöne Straße führt von Höchenschwand über Strittberg, Amrigschwand nach Heppenschwand und zurück zur Bundesstraße Höchenschwand-Waldshut. In Amrigschwand zweigt eine schmale Fahrstraße über Segalen (1343 Segelen) in das Fohrenbachtal zur Fohrenbachmühle (heute Sägewerk) ab und dann hinauf in das Rosendorf Nöggenschwiel.

Höchenschwand mit Alpenkette.

Die Straße verläuft von Höchenschwand durch das inzwischen trockengelegte Kiemichmoor zum Kreuzstein. Wanderwege erschließen Bergbauspuren im Schwarzatal. Der Bergbau an der Schwarzhaldematt förderte Blei-Silbererze zutage. In der Nähe befand sich die Burg Tombrugg, die jedoch nur einen Wohnturm hatte. Auf der Burg saßen Dienstleute des Klosters St. Gallen, deren Aufgabe es war, den Übergang über die Schwarza und damit St. Galler Besitzungen zu sichern. 1168 wird von einem Herimannus de Tombruggo gesprochen. Vom 13. Jahrhundert an dürfte der Schutz der Silbergruben im Vordergrund gestanden haben. Anfang des 15. Jahrhunderts ging die Burg an die Herren von Dettingen über. Dann kaufte das Kloster St. Blasien um 1430 die Burg, die wohl Anfang des 16. Jahrhunderts verfallen ist.

Am Dreherhäusle befanden sich die Labacher Höfe, die noch 1328 erwähnt, später aber aufgegeben wurden.
Im Eisloch in den Blockhalden aus St.-Blasien-Granit halten sich Eisreste bis in den Sommer hinein. Man erzählt sich, daß das Eis früher zu Heilzwecken verwendet wurde.
In Strittberg, urkundlich 1279 »Strittperch« (umstrittener Berg) genannt, gab es 1289 eine »villa stritberch«. 1381 besaß St. Blasien dort einen Weinmenihof. 1425 verkaufte Hans von Dettingen den Ort an das Kloster St. Blasien. Das nördlich gelegene Waldstück Herrgottsholz wurde 1289 von Heinrich von Krenkingen an St. Blasien veräußert. Die Joseph-Kapelle stammt aus den Jahren 1960/61, die Bruder-Klaus-Kapelle in Segalen aus den Jahren 1980/81.
Amrigschwand (1276 Amelgeswanden = Schwand der Amelger) reicht mit seiner Gemarkung bis an die Schwarza heran. Konrad von Gutenburg verkaufte 1276 die Vogtei an St. Blasien, das 1381 auch in Amrigschwand über einen Weinmenihof verfügte.
Der Weiler Attlisberg (1328 Adelisperg = Berg des Adal) und die nach Ulmen benannten Höfe in Ellmenegg (1303 Elmegge = Bergvorsprung mit Elmen, Ulmen oder des Elmar) gehörten zur Gemeinde Amrigschwand. Im Mittelalter war Attlisberg Dinggerichtsort für die Klosterleute von St. Blasien aus den Orten Schönenbach, Schluchsee und Faulenfürst. Im Dreißigjährigen Krieg hörte das seit 1383 erwähnte Wirtshaus auf zu bestehen. Die Neumühle südlich Ellmenegg war die Getreidemühle für die Höfe auf dem Höchenschwander Berg, deren Betrieb 1910 stillgelegt wurde. 1934 wurden die Ortsteile Amrigschwand, Attlisberg, Ellmenegg, Leinegg (besteht nicht mehr), Segalen und Strittberg zur Gemeinde Amrigschwand vereint.
Bei Heppenschwand (983 Heibensvanda = Schwand des Heiba, 1328 Heppenswande) endet die 1955 ausgebaute Panoramastraße.
Die Bundesstraße von Höchenschwand nach Waldshut bildet eine Wasserscheide zwischen Alb und Schwarza. Lediglich der südliche Aubach, der sein Quellgebiet im Tiefenhäuserner Moor hat, fließt in östlicher Richtung und mündet in den Fohrenbach und damit in die Schwarza.

Eberesche voller Beeren.

Zwischen den beiden Aubächle liegen Ober- und Unterweschnegg. Die erste Besiedlung dürfte in Unterweschnegg (1266 Wasenegge – Waso = feuchte Erde) stattgefunden haben, da man zunächst von Niedernwasenegge (1327) sprach und dann erst 1385 von Oberwasenegge, das 1560 abbrannte und danach sofort wieder aufgebaut wurde. 1328 besaß St. Blasien eine Getreidemühle bei Oberweschnegg. Die Bauern der Höfe auf dem nördlichen Teil des Höchenschwander Berges mußten dort ihr Getreide anliefern. Bis 1648 gehörten die Bewohner der beiden Ortschaften sowie die von Frohnschwand (Vronswande=dem Herrn unterworfener Schwand) zur Pfarrei in Waldkirch, dann teilte man sie der Pfarrei Höchenschwand zu.

In Tiefenhäusern übte das Kloster St. Blasien bis 1806 die niedere Gerichtsbarkeit aus. Zur Vogtei Tiefenhäusern gehörten Frohnschwand, Heppenschwand, Neumühle und die Ortschaften Ober- und Unterweschnegg. Die erste urkundliche Erwähnung findet sich bereits 894 als »Tiufherreshusun« im Zusammenhang mit dem Kloster St. Gallen. 1274 verkaufte Luithold von Regensberg Höfe an St. Blasien, das hier bereits Grundherr war. 1328 und Jahrzehnte später erwarb St. Blasien weitere Höfe. Die Einwohner gehörten kirchlich zunächst zum Dorf Stunzingen im Seltenbach-(Schmitzinger-)Tal bei Waldshut, das im Dreißigjährigen Krieg niederbrannte und aufgegeben wurde, dann zu Waldkirch und später zu Höchenschwand. Im Gewann »Auf der Rütte« befindet sich die 1703 erbaute Johann-Baptist-Kapelle, die in der Nähe des Galgens (Hochgericht der Grafschaft Hauenstein) steht, wo man 1739 noch Todesurteile gegen die Salpeterer vollstreckte. Die St.-Anna-Kirche in Tiefenhäusern besteht seit 1843. Der Einungsmeister Johannes Ebner erhielt 1772 die Genehmigung zum Bau eines Wirtshauses. 1934 faßte man Tiefenhäusern, Frohn- und Heppenschwand sowie Ober- und Unterweschnegg zur Gemeinde Tiefenhäusern zusammen.

Das *Tiefenhäuserner Moos* gehört als Hochmoor zu den besonderen landschaftlichen Anziehungspunkten der Gegend.

Brunnadern (1266 villa brunnaderun) liegt oberhalb der Quelle des Holzmattenbächles, das nach kurzem Lauf den Namen

Harmonisch und naturnah eingerichtet zeigen sich die Zimmer der Gasthöfe und Sanatorien. Rustikal, jedoch geschmackvoll ist die Innenarchitektur, geprägt von Kiefernholz und Kamin. Jeder Raum ist ein Refugium.

Sägenbach trägt. In dem Ort lebten Freibauern, deren Niedergerichtsherr bis 1806 der österreichische Waldvogt war. Kirchlich gehören die Einwohner zur Pfarrei Waldkirch. Die Kapelle im Ort ist 1858 renoviert worden.
Flurnamen wie *Kaibenhölzle* erinnern an Stätten, wo früher verendete Tiere vergraben wurden. Das Ettismoos südlich von Brunnadern ist eine vermoorte Mulde, wo einst Torf gestochen wurde.
Die Bundesstraße zweigt südlich über das Froschkreuz nach Aisperg oder nach Nöggenschwiel ab. Am Ende des Hagwalds steht das Waldhaus (Brauerei mit Wirtshaus) – es erinnert an ein Forsthaus –, das Georg Falkensteiner 1779 baute und als Oberforstmeister in Solothurn 1833 an den Vogt Josef Dietsche verkaufte. 1842 errichtete dessen Sohn Franz Xaver die Brauerei, die 1846 niederbrannte und dann in größerem Stile wiederaufgebaut wurde. 1888 erwarb Johann Schmid die Brauerei, die bis heute noch im Familienbesitz ist.
Die Ortschaft Remetschwiel (1286 Rembolzwiler) besteht aus einer Streusiedlung. Die Freibauern unterstanden bis 1806 dem Hause Habsburg. In dem Ort befand sich schon 1372 bereits erwähnter Dinghof, wo unter dem Vorsitz des Waldpropstes (Vertreter des Klosters St. Blasien) Dinggerichte für die Klosterleute von St. Blasien abgehalten wurden. Das letzte Dinggericht fand 1719 statt. Seit 1633 ist der Dinghof ein Wirtshaus (heute Gasthaus »Rößle«).
Südwestlich des Dorfes Bannholz erhebt sich der Gupfen (778 m), auf dem der Schwarzwaldverein 1965 eine Aussichtshütte errichtet hat.
Die Kirche Maria Himmelfahrt aus dem Jahre 1761 überragt das Dorf Waldkirch, das am 1. Juli 1971 nach Waldshut eingegliedert wurde. Es entstand einst über dem Seltenbach und kam 858 (Waldchiricha) als Stiftung an das Kloster Rheinau. Die Pfarrei geht bis in das 13. Jahrhundert zurück und reichte im Mittelalter bis Immeneich und Schlageten (Albtal) hinauf. Das Kloster Rheinau hat schon früh die Schirmherrschaft auf das Kloster Säckingen übertragen. 1438 wurde Waldkirch von den Eidgenossen niedergebrannt. 1633 plünderten die Schweden den Ort, wobei auch die Kirche und das Pfarrhaus zerstört

wurden. Auf dem Friedhof befindet sich das Grab Johann Michael Jehles (1749–1831), des letzten Redmanns der Hauensteiner Einung. Das Wirtshaus »Zum Storchen« besteht seit 1539. Niedergerichtlich unterstand das Dorf bis 1806 dem österreichischen Waldvogt.
Der Südschwarzwald bietet vielseitige, verlockende Naturschönheiten. Kilometerweit geht der Blick über tief eingeschneite Täler hinweg bis zu den Alpen. Von Wäldern, Wiesen und Feldern umgeben, erlebt der Wanderer Ruhe und Harmonie. Der von Streß geplagte Stadtmensch und Manager, der Erholung sucht, findet eine Umgebung vor, die zu Entspannung und Nichtstun einlädt. Er wandert durch die Wälder, hinunter zu den Tälern und Felsen oder findet Gelegenheit, wieder mal ein Buch zu lesen.

Sage von Höchenschwand

Nicht weit von Höchenschwand entfernt führt ein Waldweg den Wanderer zum sogenannten Eselsfuß. Daran knüpft sich folgende Sage: Auf dem weiten, beschwerlichen Weg nach Ägypten kam die Heilige Familie auch durch den Schwarzwald. Viele Wochen waren Josef und Maria mit dem Kind schon auf der Flucht, und immer wieder waren die Knechte von König Herodes so nahe gekommen, daß nur Gottes wunderbare Hilfe Rettung bringen konnte.
Schier endlos schien der Weg durch das tiefverschneite Land, und müde trottete der treue Esel hinter Josef drein. Schnee, Geröll und umgestürzte Tannen versperrten den Weg, und immer näher kamen die jagenden Verfolger heran. Wieder einmal war von weitem bereits ihr Keuchen zu hören, eine Rettung schien unmöglich. Mit mächtigen Sätzen strebte der Esel dem schützenden Wald zu. Da hob plötzlich eine unsichtbare Hand die Flüchtenden über die Tannen empor und ließ sie erst wieder auf der Höhe zwischen Höchenschwand und Amrigschwand behutsam niedergleiten. Der rechte Vorderfuß

Straße von Häusern/Höchenschwand nach Brenden. ▷

des Esels aber schlug auf einen der Granitblöcke auf und grub sich tief in den Stein ein.

Unterwegs zum Grillplatz

Auf der Wanderkarte ist das Mettmabecken in angemessener Größe eingezeichnet. Aber zu dieser frühen Stunde sieht man nur wenige Wanderer auf dem schmalen, vom Licht durchfluteten Waldweg. Vormittags liegt das Mettmabecken in vollem Licht, an Fläche überraschend groß. Fichten von mittlerem Wuchs an den steilen Ufern erlauben den Durchblick auf ein weit geschwungenes Gewässer.
Weit oben auf einem Waldhügel hört man sekundenlanges Aufheulen einer Baumsäge. Hoch am blauen Himmel kreist ein Rotmilan. Bläulich dunkel kräuselt sich im Wind die Wasseroberfläche, auf der weißgelbe Blütenstaubinseln treiben.
Sanft ist hier die Landschaft, und leicht wird der Wanderer von ihrer Schönheit und Stille überwältigt. Zu anderen Tageszeiten mag die Stille durch das Geräusch eines Traktors hinter der nächsten Biegung unterbrochen werden. Vielleicht begegnet man auch einem Wanderer, der mit offenen Sinnen die Natur in sich aufnimmt. Aber jetzt bleibt es still. Nur Entenpaare zeigen sich, die schnatternd das Ufer entlangziehen, und Wasser plätschert über einen Wasserfall. Feuergelbe Schmetterlinge kreuzen lautlos den Wanderweg.
So viel Stille ist ungewöhnlich, denkt der Wanderer. Die Enten fliegen plötzlich auf und lassen sich nach wenigen Flügelschlägen wieder auf dem Wasser nieder. Was stört den Frieden? Nichts, nur die innere Unruhe der Tiere. Eine Bank lädt zum Verweilen ein. Man kann sich hinlegen und den Blick lange ins Blau des Himmels richten.
Die Zeit verrinnt. Es wird wärmer. Eine leichte Brise kommt auf, das Rauschen der Blätter ist wie Ravelsche Musik. Auf einem Ameisenhügel sind die winzigen Tierchen emsig bei der Arbeit. Alles wohlgeordnet.
Der Wanderer zieht weiter. Seine Wanderung wird zu einer Erkenntnisreise, die ihm immer neue Einblicke gewährt und ihn

immer wieder Fragen aufwerfen läßt. Der Feldweg führt an den »Äußeren Höfen« entlang und über die Brendener Bergkuppe hinab zum Schwarzabecken in Richtung Höchenschwand, wo linker Hand der Grillplatz liegt. Zunächst steht der Wanderer unvermutet vor einem Wappenstein mit der Inschrift »Ricardas Brünnle«. Einige Meter weiter befindet sich ein wunderschöner Schwarzwaldbrunnen mit Bänken, die zur Rast verlocken. Der Wanderer lauscht. Hört er nicht leise im Ohr: »Hic aqua sana est?«

Dem Brünnle gegenüber liegt etwas tiefer im Grund ein Biotop, ein Teich. Trotz der leisen Schritte des Neugierigen sucht ein Entenpaar aufgeregt das Weite. Hinter einem Holzgatter weiden Schafe. Ein älteres unter ihnen blökt, als wollte es die anderen auf den Wanderer aufmerksam machen. Gern kehrt dieser noch einmal zu den Bänken zurück, um sich am Brünnle einige Minuten auszuruhen.

Auf der anderen Hügelseite auf halber Höhe stößt der Wanderer auf den schon angekündigten Grillplatz, der in einer Ferienlandschaft nicht fehlen darf, mit Hütte, Brunnen und einem Abfallbehälter. Mißfallen steigt im Beobachter auf, aber er findet sich noch im Frieden mit der Natur. Alles ist wohlgeordnet. Ein Grillplatz, der sich als Biotop entpuppt. Manchmal ein vergnügter und geselliger Ort. Um diese Stunde aber liegt er zur Beruhigung des Wanderers schweigend.

Friedlich zieht der Wanderer weiter. Und er sagt sich: »Das ist wirklich das ›Gelobte Land‹, der Südschwarzwald. Über alle Maßen habe ich diese Landschaft gern. Der Südschwarzwald ist mir zur Lieblingslandschaft geworden.«

Bergbau – eine uralte Tradition

Es ist weithin unbekannt, daß Baden-Württemberg in Freiburg eine Bergverwaltung besitzt, die Berg- und Oberbergamt in einem ist. Als Aufgabe obliegen ihr das Aufsuchen, Gewinnen und Aufbereiten aller bergfreien und grundeigenen Bodenschätze und die Verwaltung der dazu benötigten Anlagen sowie Einrichtungen. Dazu kommen die Aufsicht über Bau und Betrieb von Untergrundspeichern, die Einlagerung von Gütern in stillgelegte Bergwerke sowie die Kontrolle von Besucherbergwerken und -höhlen, von Seil- und Bergbahnen.
Der Wert der Bodenschätze in Baden-Württemberg hält sich in Grenzen. Der jetzt kaum mehr vorhandene Bergbau hat eine uralte Tradition. Silber spielte im Schwarzwald im Mittelalter eine bedeutende Rolle. Den Eisenerzen verdankt das Land die Entstehung einiger regionaler Zentren der Metallverarbeitung. Heute verdient nur das Steinsalz erwähnt zu werden. Es stammt aus drei Bergwerken in Heilbronn, Kochendorf und Stetten. Es wandert in die chemische Industrie oder wird als Speisesalz verwendet. Zwei Flußspatgruben in Oberwolfach und Pforzheim decken fast neun Zehntel der deutschen Gesamtförderung ab. Neben den größten Kohlensäurevorkommen und der wirtschaftlich kaum genutzten Erdwärme gibt es eine Vielzahl von Heilbädern, die das Vorkommen von Thermalwasser nutzen.
Geologisch ist das Land hochinteressant, da es eine Vielzahl geologischer Formationen zeigt: Da ist der Einbruch des Oberrhein-Grabens, da sind alte, im Paläozoikum und in noch früherer Zeit entstandene Gebirge wie der Schwarzwald, da ist die geneigte Schichtentafel mit der Muschelkalkstufe und dem Albtrauf und ganz im Süden der Ausläufer des jungen alpidischen Gebirges. Vom Vulkanismus zeugen der Kaiserstuhl oder die Kuppen des Hegaus. Die geologische Gliederung der Gesamtheit des Landes ist jedoch einfach. Der größte Teil liegt

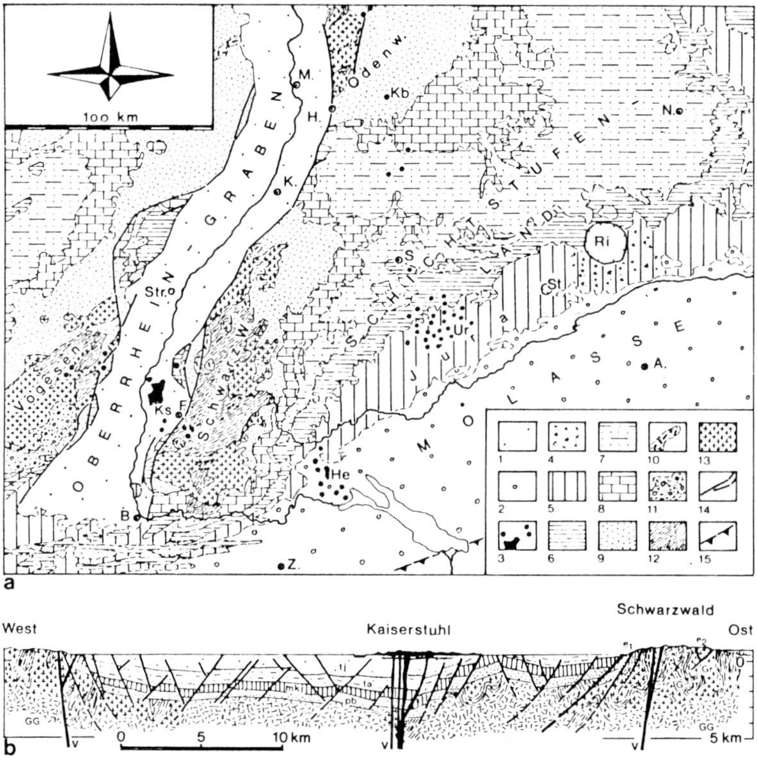

a: Geologische Übersichtskarte von Baden-Württemberg und Umgebung.
1 = Tertiär und Quartär des Oberrhein-Grabens, 2 = Tertiär und Quartär des Molasse-Beckens, 3 = junge Vulkanite, 4 = Verbreitung der Rieströmmer-Massen, 5 = Malm, 6 = Lias und Dogger, 7 = Keuper, 8 = Muschelkalk, 9 = Buntsandstein und Perm, 10 = jungpaläozoische Quarzporphyre, 11 = Karbon, 12 = Gneise, 13 = Granite und andere Tiefengesteine, 14 = Randbrüche des Oberrhein-Grabens, 15 = Nordrand der Alpen.
A = Augsburg, B = Basel, F = Freiburg, H = Heidelberg, K = Karlsruhe, M = Mannheim, N = Nürnberg, S = Stuttgart, Str = Straßburg, Z = Zürich, He = Hegau, Kb = Katzenbuckel, Ks = Kaiserstuhl, Ur = Uracher Vulkanschlote; Ri = Rieskrater, St = Krater von Steinheim.

b: Vereinfachter geologischer Querschnitt durch den Oberrhein-Graben.
GG = Grundgebirge i. A., G = Gneise, Gr = Granite und andere Tiefengesteine, pb = Perm und Buntsandstein, mkj = Muschelkalk, Keuper, Jura, ta = Alttertiär, tj = Jungtertiär und Quartär, e_1 = jüngere Erzgänge, e_2 = ältere Erzgänge, v = junge Vulkanite.

im Bereich der sogenannten süddeutschen Großscholle. Daher sind die Gesteine und die Schichtfolgen ziemlich einheitlich entwickelt. Die Basis bilden Gneise und Granite der variszisch und noch früher gefalteten Mittelgebirge des Odenwaldes und des Schwarzwaldes. Der mittlere Schwarzwald besteht aus uralten metamorphen Gesteinen, vor allem Gneisen, die zum Teil aus präkambrischen Sedimenten hervorgegangen sind, andere entstanden aus alten magmatischen Gesteinen. Im Unterkarbon setzte dann eine zweite Gebirgsbildung, die variszische, ein, durch die die alten Gneise umgewandelt wurden. Gleichzeitig tauchten zahlreiche Granite, Diorite und andere plutonische Gesteine auf, z.B. der Granit vom Münstertal. Alle diese älteren Gesteine faßt man als »Grundgebirge« zusammen.

Im mittleren Eozän brach im Gefolge einer weitspannigen Aufwölbung der Oberrhein-Graben ein. Der Einbruch stellt sich als ein kompliziertes System von Staffelbrüchen dar, an denen vielfach schräggestellte Schollen älterer Gesteine, Trias und Jura hängengeblieben sind, z.B. die Vorberge von Freiburg und Kandern oder die große Buntsandsteinscholle zwischen Lahr und Emmendingen. In unmittelbarer Beziehung zum Rheintal-Grabenbruch stehen vulkanische Erscheinungen verschiedener Art. Älteste Gänge und Schlote treten z.B. beiderseits des Kaiserstuhls auf. Ein Höhepunkt der vulkanischen Tätigkeit fällt in den Zeitraum vor 30 bis 10 Millionen Jahren und damit in das Miozän. Zu dieser Zeit entstand der Kaiserstuhl. Dieses Vulkangebiet und der Hegau bieten Mineralfundstellen, sind aber auch für Sammler seltener vulkanischer Gesteine interessant.

Mittelpunkt des mittelalterlichen Bergbaus war St. Blasien. Bis zum Beginn des Dreißigjährigen Krieges waren zahlreiche Gruben in Betrieb, in denen silberhaltiger Bleiglanz abgebaut wurde. Nach einer Zählung aus dem Jahre 1352 arbeiteten allein in St. Blasien 45 Poch-(Aufbereitungs-) und Schmelzwerke. Zu diesem Bergbaurevier gehörten die Gruben auf dem Urberger Gangzug, diejenigen am Windberg bei St. Blasien und die Gruben bei Brenden, Görwihl, Birkendorf und am Segalenbach.

Im Brenden sind noch heute Spuren des Bergbaus erkennbar.

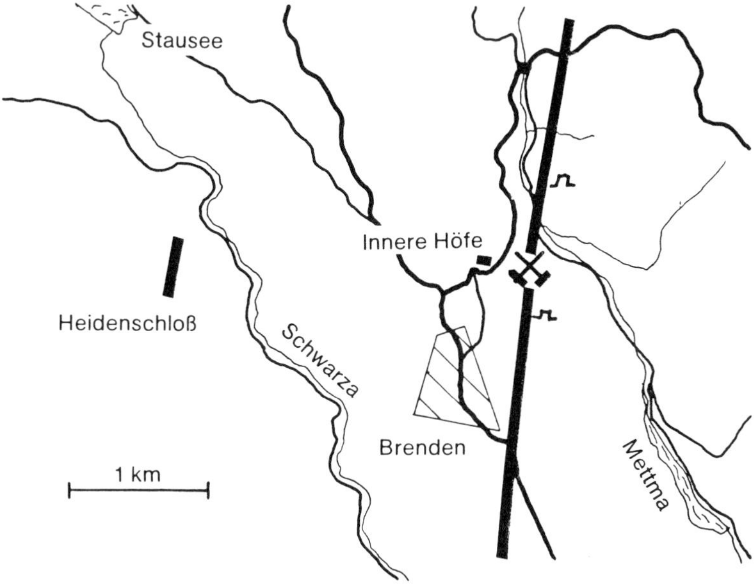

Das Brendener Bergbaugebiet.

Um sie zu finden, zweigt man im Ort ins östlich gelegene Mettmatal ab und fährt an den »Inneren Höfen« vorbei bis zur Säge an der Mettma. Ein Forstweg führt den Wanderer nach Süden zur Grube. Der Bergbau auf diesem bleireichen Gang ist sehr alt. Zahlreiche Pingen, Baue und ausgedehnte Halden zeugen von einst reger bergmännischer Tätigkeit. Der Ort Brenden verdankt seine Entstehung ebenso dem Bergbau wie auch der Ort Urberg (Grube »Gottesehre« der Pforzheimer Fluß- und Schwerspatwerke: von St. Blasien bis zum Ort Unterkutterau und dann weiter an der Säge vorbei in das westlich gelegene Hölltal). Die Grube in Brenden wurde 1974 von dem Pforzheimer Werk stillgelegt. Bis zu diesem Jahr wurde Flußspat abgebaut. Der bis drei Meter mächtige hydrothermale Fluorit-Baryt-Gang ist im St. Blasier Granit von Brenden aus bis ins Schwarzatal zu verfolgen.
Vorhandene Minerale sind: Quarz, in Drusen bisweilen große Kristalle, Baryt in schaligen, gebänderten Aggregaten und Fluorit, meist grünlichgrau, beide Minerale selten in Kristallen.

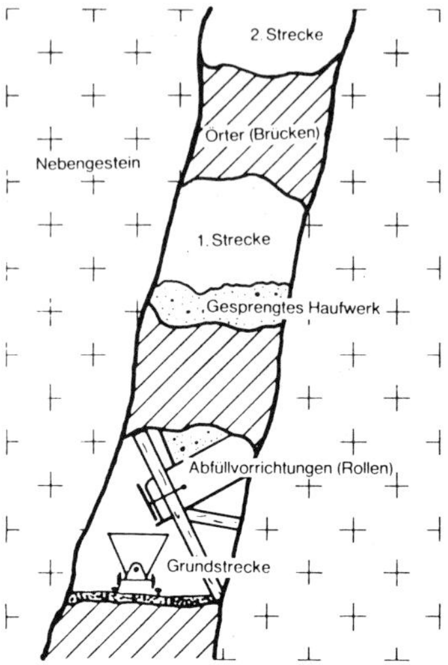

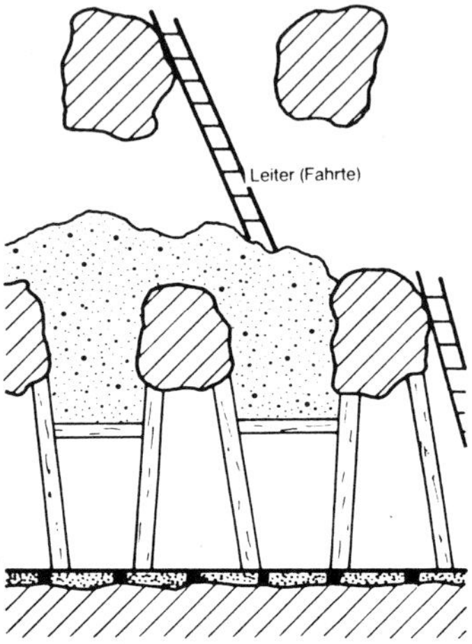

Gangspalte der Grube »Gottesehre«.

An Erzen trifft man Kupferkies, Zinkblende und reichlich Bleiglanz an, der in bis zu kopfgroßen Massen im Fluorit eingesprengt ist. Von diesen Erzen findet man auch, jedoch selten, Kristalle. Sekundär hat sich Cerussit gebildet, seltener Hemimorphit in kleinen Kristallbüschelchen und Hydrozinkit als derbe weiße Krusten.

Damit man sich den Abbau vorstellen kann, sei dieser anhand der Grube »Gottesehre« geschildert. Die Abbildung oben zeigt eine fast senkrechte Gangspalte (saiger). Die Ausscheidung der Minerale aus der hydrothermalen Lösung hat eine deutliche Ausbildung der Gangfüllung in Lagen ergeben. Das Nebengestein ist erkennbar durch ein Salband getrennt.

Nun zum Vorgang des Abbaus: Auf der Grundstrecke fahren Loren, in die das herausgesprengte Gangmaterial abgefüllt und aus dem Stollen ins Freie gefahren werden kann. Von der Grundstrecke aus wird nach oben abgebaut. In Abständen werden Löcher herausgesprengt, bis eine neue Strecke erstellt ist. Damit man einen Stand hat, um weiter nach oben bohren zu können, läßt man Gangstücke von rund zwei Meter Durchmesser (Brücken) stehen, die erst nach Ende des Abbaus beseitigt werden. Mit Leitern (Fahrten) wird das System von Strecken und Löchern erreichbar. In den Löchern sind Abfüllvorrichtungen (Rollen) aus Holz eingebaut, so daß man vom gesprengten »Haufwerk« beliebig viel Material entnehmen kann. Diesen Abbauvorgang nennt man Örterbau.

Brenden

Brenden im Wandel der Jahrhunderte

Brenden liegt 896 Meter ü.d.M. auf einem Bergrücken zwischen den Kerbtälern der Schwarza und der Mettma. Dieses Plateau läßt sich schlicht als »Brendener Bergrücken« bezeichnen.

Der Name Brenden (brend = eine durch Feuer gerodete Stelle) taucht erstmals 1255 in einer Konstanzer Urkunde auf, wo von einem Konrad von Brenden die Rede ist, der als Zeuge benannt wurde.

Urkundlich ist der Ort Brenden im Jahre 1295 erwähnt. Damals gehörte der Ort als Vogtei den Freiherren von Krenkingen. Dieses Adelsgeschlecht erreichte zu Beginn des 13. Jahrhunderts den Höhepunkt seiner Macht und seiner wirtschaftlichen Blüte. Doch bereits im Jahre 1270 mußte Heinrich von Krenkingen Güter in Dietlingen und Schnörringen an das Kloster St. Blasien verkaufen. 1289 übernahm das Kloster sogar den Krenkinger Familienbesitz im Hotzenwald. So konnte das Kloster St. Blasien aus den finanziellen Schwierigkeiten mancher Adelsgeschlechter Nutzen ziehen, indem es seinen Besitz im »Zwing und Bann« erweiterte.

Konrad von Krenkingen – genannt von Weißenburg – verkaufte die Vogtei Brenden am 12. August 1353 an das Benediktinerinnen-Kloster in Berau, das nur drei Kilometer südlich von Brenden auf dem Bergrücken liegt. In der Kaufurkunde heißt es: »iuncher Cunrat von Krenkingen, genannt von Wissenburg, burger ze Waltzhut, hat ze kouffen geben der meistrin und den frouwen des gotzhous ze Berow uff dem Swartzwalt die vogtey des hofes zu Brenden och uff dem Swartzwald, ist gelegen ob Berow, der dero selben frouwen eigen ist.«

In einem alten Dingrodel (Verzeichnis) werden damals die sechs besten Lehen von Brenden, fünf Hofstätten und der Hof

Brenden um 1913.

des Sigristen, den Hans der Sutter als Lehen hatte, erwähnt. Von diesen und weiteren 14 Lehen werden Lehnsträger genannt, deren Geschlechter sich im Dorf und auf dem ganzen Berauer Berg bis heute erhalten haben. Durch die Verbundenheit mit dem Kloster Berau, das in allen geistlichen und weltlichen Dingen dem Kloster St. Blasien unterstand, wurde auch Brenden ein Bestandteil des aufstrebenden Klosters St. Blasien an der Alb. Zum »Zwing und Bann« des Klosters Berau gehörte das Gebiet von Witznau die Schwarza hinauf bis gegen Staufen hinter den Berg, den Steg gegen Schönenbach, dann die Mettma und Schlücht hinunter wieder nach Witznau, wo die Mettma in die Schlücht mündet.
Auf dem Brendener Bergrücken entwickelten sich die Siedlungen zu einer eigenen Vogtei Berau, zu der 1446 Berau, Brenden mit den »Inneren Höfen« und »Äußeren Höfen«, die Loch-

Brenden um 1921.

mühle, Staufen (1349), Bulgenbach (1349), Leinegg und Witznau gehörten.
Das Kloster St. Blasien erwarb 1480 die Herrschaft Gutenburg, die zunächst die drei überwäldischen Gerichte einschloß, dann die kleine Herrschaft Almut sowie die auf dem Brendener Bergrücken liegenden Besitzungen.
Die Güter und Höfe wurden vom Kloster Berau oder von der Propstei Berau als Lehen verliehen. Lehen und Allod – Eigengut – spielen in der deutschen Verfassungsgeschichte eine große Rolle. Der Zehnte – auch Zehent genannt – war eine durch das Gesetz oder durch Gewohnheiten bestimmte jährlich wiederkehrende Abgabe, die dem Zehntherrn zu entrichten war. Zehntberechtigt waren früher das Frauenkloster und die Propstei; die herrschaftlichen Grundzinsgefälle hingegen erhielten das Waldamt St. Blasien und das Amt Gutenburg. Lediglich der Zehnte von den »Inneren Höfen« gehörte dem Kloster St. Blasien.

Brenden um 1950.

Seit den Tagen Karls des Großen mußten am Martinitag, dem 11. November eines jeden Jahres, nach Abschluß der Ernte die meisten Zehnten abgeliefert und gewöhnlich auch die Hauptzinsen, die Weingefälle und alle etwaigen Schuldgelder bezahlt werden. Im Mittelalter, als die Untertanen ihre Abgaben noch in Form von Naturalien zu entrichten hatten, gehörten auch die um diese Zeit besonders fetten und schmackhaften Gänse dazu. So läßt sich verstehen, warum St. Martin, der Schutzheilige von Frankreich, in unserem Volksmund der »harte Mann« genannt wurde.
In den Urbaren, d. h. »Inventarverzeichnissen der Güter, Lehen, Äcker, Neubrüche, Wiesen und Matten«, aus dem Jahre 1777 heißt es, daß der große Fruchtzehnt und alles, was mit dem Pflug, der Haue oder Schaufel aufgetan, gereutet und gehauen werde, der Propstei Berau gehöre, und zwar jeder zehnte Burden, ob als Schaub oder Garben aufgestellt. Lediglich der Zehnte, den der Bauernhof der Familie Ebner in den »Inneren

Die »Inneren Höfe« von Brenden.

Höfen« abzuliefern hatte, kam dem Kloster St. Blasien zugute. Zur Ablösung des Zehnten kam es erst im Jahre 1833 aufgrund eines großherzoglichen Dekrets.
Der Zehnte war genau umschrieben. Auszug aus einem Güterverzeichnis: »Der Heidenmüller Josef Schmidle entrichtet an die Propstei Berau von seinem Lehengut und der Mühle jährlich 3 Muth Roggen, 1 Huhn oder 12 Kronen, 8 Kronen an Geld und 1 Gulden Reibezins, vom Geigenlochgütle der Propstei Berau 1 Viertel Roggen, der St. Pankratiuskirche in Berau von der Mühle 1 Viertel Roggen und dem Frauenkloster Berau von der Mühle und Zugehör 1 Huhn oder 12 Kronen und 14 Kreuzer an Geld.
Als Heu- und Öhmzehnten geben die Bulgenbacher aus einer Hand der Propstei Berau auf Michaeli laut Vereinbarung vom 8. März 1700 jährlich 12 Gulden. Diesen Betrag bringen derzeit [1777] Bauer Josef Isele, Peter Albert, Johann Rogg, Johann Ebner, Bauer Anton Isele, Thauner Franz Bernauer, Thauner Anton Bernauer, Thauner Johann Schwarz, Bauer Anton Bernauer, Heidenmüller Josef Schmidle und der Klausenmüller Lorenz Ebner auf. [Anm. d. Verf.: Im Gegensatz zum Hofbauer besaß der Thauner nur ein kleines ›Gütle‹.]
Jakob Keller überprüfte das Güterverzeichnis der Berauer Prop-

»Innere Höfe«: Schwarzwaldhaus aus dem 17. Jahrhundert.

»Innere Höfe«: Hofkapelle, die 1612 urkundlich erwähnt und der Gottesmutter Maria geweiht ist.

stei. Bei der Niederschrift waren der Propst von Berau, Pater Hieronymus Brendle und als Niedergerichtsherr und als Kommissar vom Kloster St. Blasien Franz Leopold Schichtinsfeld zugegen. Beglaubigt wurde diese durch den Notar Fidelis Vogelbacher. Dies geschah im Februar 1777. Ratifiziert wurde die Urkunde am 23. Dezember 1777 durch Martin II. Gerbert, Fürstabt von St. Blasien [1764–1793].«

Die Ämter Gutenburg, Bettmaringen und Blumegg wurden 1699 mit der 1612 vom Kloster St. Blasien erworbenen reichsunmittelbaren Grafschaft Bonndorf vereinigt. Diese Reichsgrafschaft Bonndorf bestand aus 81 Gemeinden mit einigen Nebenorten und Einzelhöfen und fiel 1803 an den Johanniterorden, 1805 an Württemberg und schließlich durch die Rheinbundakte 1806 an Baden.

Das Kloster Berau wurde 1711 durch Feuer zerstört. Zum Wiederaufbau leistete Brenden 28 Hand- und 78 Fuhrfrone.

In der Nacht zum 10. November 1808 legten drei Landstreicher, die am Tage bettelnd und drohend durch das Dorf Brenden gezogen waren und sich am Abend im Griesgraben aufgehalten hatten, Feuer. Dabei verbrannten die Kirche, der Gasthof »Hirschen«, das Haus des Vogtes und zwölf mit Stroh gedeckte

Die »Äußeren Höfe« von Brenden.

Gasthof zum Hirschen, 1911.

Wohnhäuser mit Nebengebäuden. In jener Unglücksnacht wurden über 80 Menschen obdachlos. Sie wurden in ihrer großen Not mit Spenden aus der ganzen Umgebung bedacht.
1874 brach in Brenden erneut ein Dorfband aus, dem einige Gehöfte zum Opfer fielen.
Der Gemeinderat von Brenden hat 1904 das vom Generallandesarchiv Karlsruhe vorgeschlagene Wappen angenommen: »In einem gespaltenen Schild ist vorn in Blau ein linksgewendeter Hirsch in Silberfarbe und hinten ein roter Rost auf silbernem Grund zu sehen.« Der Hirsch symbolisiert das Kloster St. Blasien, der Rost den heiligen Laurentius.
Der Gasthof »Zum Hirschen« brannte 1913 bis auf die Grundmauern nieder. Der Landwirt und Schuhmacher Theodor Isele aus Staufen erwarb 1870 ein Bauernhaus, das er zum einzigen Gasthaus in Brenden umwandelte. Während er sich um die Landwirtschaft kümmerte und mit seinen Pferden im Fuhrlohn Langholz in die umliegenden Sägereien brachte, betreute seine Frau die Gastwirtschaft und die ersten Feriengäste. Unter den Feriengästen weilte in den 30er Jahren Paul Hindemith im Gasthof. Er blieb für einige Wochen im Dorf, bevor er in die

Schweiz emigrierte. Neben Land- und Gastwirtschaft gibt es heute eine kleine Brennerei, wo nach eigener Rezeptur der »50prozentige Schwarzwaldweizen mit Alpenkräutern« gebrannt wird. Im Volksmund heißt der Schnaps nach dem »Hirschen«-Wirt Linus in dritter Generation »Linus-Schnaps«. Linus Isele starb am 10. November 1985.
Brenden ist seit dem 1. Januar 1975 Ortsteil der Gemeinde Ühlingen-Birkendorf, die dem Landkreis Waldshut angehört. Trotz der Gemeindereform erfolgte kein Zusammenschluß der Orte auf dem Brendener Bergrücken zu einer eigenen Gemeinde.

St. Laurentius – die Dorfkirche

Der Überlieferung nach geht die Gründung der Kirche in Brenden auf das Versprechen des Bergknappen Laurentius zurück, der im Jahre 1470 aus Dankbarkeit für seine Erzfunde eine Kapelle bauen ließ. Sie wurde dem heiligen Laurentius (Kirchweihfest am 10. August) geweiht.
Gewann-Namen wie Silberhalde und Erzgrube erinnern noch heute an die Zeit, wo auf dem Brendener Plateau nach Silber und Bleierz gegraben wurde.
Im Jahre 1620 wird über die Kapelle berichtet, daß sie ein armes Kirchlein sei, wo zu gewissen Jahreszeiten der Prior oder Pfarrer von Berau eine Messe lesen müsse. Die Kirche hatte damals einen Beitrag zur Türkensteuer zu leisten.
Die Kapelle wurde 1687 vergrößert, so daß nur einmal im Monat Gottesdienst gehalten werden konnte. Von 1716 an wurde die Messe zweimal im Monat gelesen.
Die 1780 vergrößerte Kirche brannte 1808 nieder. Sie wurde 1817 in der noch heute bestehenden Form wieder aufgebaut.
Das kinderlose Ehepaar Franz Mezler – der Pulvermacher in Brenden – und Katharina Klaussin stifteten 1789 ein Pfarrhaus mit Gütern, damit Brenden zur selbständigen Pfarrei erhoben werden konnte, welcher Bulgenbach, Schönenbach mit Schwarzhalden und Staufen als Kirchspielorte zugewiesen wurden. Von da an bezog der Pfarrer von Brenden zu seinen übrigen Einkünften den Blut-, Wachs- und Honigzehnten.

Brendener Tracht.

Die Pfarrei gehörte von 1799 bis 1806 zum Kloster St. Blasien. 1874 bis 1879 war Brenden altkatholisch.
Heute darf sich Brenden glücklich schätzen, daß die Pfarrei von dem nahegelegenen Kloster Maria Bronnen in Weilheim bei Waldshut seelsorgerisch betreut wird, indem das Kloster einen Pater als Pfarrer in das Pfarrhaus entsendet. Dieses Kloster gehört zum Orden der Augustiner, der aus Chorherren sowie den Brüdern und Schwestern vom gemeinsamen Leben besteht. Gründer des Ordens war Gerhard Groote (1340 bis 1384).

Laurentius – Schutzpatron der Kirche

Zu den sieben Pilgerkirchen der Stadt Rom gehört die unter Kaiser Konstantin um 330 über dem Grabe dieses heiligen Märtyrers errichtete Basilika S. Lorenzo fuori le mura. Sie ist die größte unter den zahlreichen dem heiligen Laurentius geweihten Kirchen. Die Krypta dieser Kirche birgt den antiken Sarkophag mit den Gebeinen des Heiligen. Sein Fest, das schon vor 354 von der Kirche am 10. August begangen wurde, ist nach dem Feste Peter und Paul das größte der alten römischen Liturgie; es bildete ehemals den Mittelpunkt eines eigenen Festkreises. Auch heute noch hat es eine Vigilfeier; der Name des heiligen Laurentius wird im Meßkanon erwähnt. Das Martyrium des Heiligen, der auf einem glühenden Rost zu Tode gebracht worden ist, geschah wahrscheinlich am 10. August 258 unter Valerian, nach anderen Quellen erst unter Diokletian. Er wurde begraben auf dem Campus Veranus an der Via Tiburtina. Der heilige Laurentius war der von der abendländischen wie von der orientalischen Kirche am meisten verehrte unter den zahllosen frühchristlichen Märtyrern. Sowohl die Heiligen Ambrosius, Leo d. Gr., Augustinus wie auch der spanische Dichter Prudentius erwähnen ihn.

Der heilige Laurentius, dessen Name »der mit Lorbeer Geschmückte« bedeutet, wird immer in der Amtstracht der Diakone dargestellt, mit rechteckigem Rost – seinem Marterwerkzeug –, Evangelienbuch und Kreuz, Almosen austeilend und mit Märtyrerpalme. Er ist Patron der Armen, der Bibliothekare, weil er die Kirchenbücher in Verwahrung hatte, und aller mit Feuer beschäftigten Personen wie Feuerwehrleute, Köche, Kuchenbäcker, Plätterinnen, Kohlenbrenner; er schützt vor Brandwunden, Feuer, Fieber, Rückenschmerzen und bewahrt vor den Qualen des Fegfeuers. Es gibt zahllose berühmte Darstellungen des Heiligen, so von Ridolfo Ghirlandaio, Tizian, Hans Schäufelein, Stephan Lochner, Eustache Le Sueur, José de Ribera; im Vatikan befinden sich Fresken mit sechs Episoden aus dem Leben des Heiligen von der Hand des Fra Angelico; auch auf dem großartigen »Jüngsten Gericht« von Michelangelo in der Sixtinischen Kapelle nimmt die eindrucksvolle

Aufmarsch zur Prozession.

Figur dieses Heiligen direkt unter dem Weltenrichter Christus einen hervorragenden Platz ein.

Legende

Wir folgen hier der Legende des heiligen Laurentius in der Form, wie sie Werner Jaspert in seiner Legendensammlung erzählt:
Zu der Zeit, da Sixtus II. Papst war in Rom, lebte dort unter den Christen ein junger Mann mit Namen Laurentius, der war aus Spanien gekommen. Seines untadeligen Wandels wegen schloß ihn Sixtus in sein Herz und nahm ihn auf unter die sieben Diakone, die mit der Pflege der Armen und der Verteilung der Almosen betraut waren. Es geschah aber, daß in jenen Tagen der Kaiser Valerian den Christen nachstellte um ihres Glaubens willen. Da ward auch Papst Sixtus vor Gericht gestellt und ihm das Urteil gesprochen, weil er sich weigerte, dem Kaiser zu opfern. Als man ihn in Ketten zur Richtstatt führte, eilte Laurentius ihm nach und rief: »Vater, laß mich dir folgen!« Aber Sixtus

wandte sich um nach ihm und sagte: »Harre aus bei der Gemeinde, solange es Gott gefällt. In deine Hände lege ich die Schätze der Kirche. Schwere Prüfungen stehen dir bevor, doch der Herr wird dir beistehen!« Da die Kriegsknechte von Schätzen reden hörten, ergriffen sie Laurentius und führten ihn vor den Kaiser. Der drang in den Diakon und suchte ihm das Geheimnis zu entreißen, wo er die Reichtümer der Kirche verborgen halte. Denn er war begierig, das Gold und das Silber und die kostbaren Gerätschaften an sich zu bringen. Darum versprach der Kaiser ihm Leben und Freiheit, wenn er den Schatz ausliefere. »Wohl besitzt die Kirche einen kostbaren Schatz«, gab Laurentius zur Antwort, »und der Reichtum ist von solchem Glanz, wie ihn der Kaiser niemals gesehen. Doch nicht an einem Platz ist er verborgen, sondern weit umher verteilt in allen Gassen der Stadt. Gib mir drei Tage Zeit, so will ich vor dir

St.-Laurentius-Fest.

ausbreiten, was wir Christen als unser kostbarstes Gut erkennen. Und nicht ein Stück soll dir verborgen bleiben.«
Der Kaiser war damit zufrieden. Er ließ Laurentius frei und wartete mit Ungeduld auf den erhofften Schatz. Laurentius ging indes durch die Stadt und verschenkte alles Gut der Kirche unter die Bedürftigen. Tag und Nacht war er unterwegs, um die Not zu lindern und reichlich auszuteilen. Am dritten Tag aber sammelte er um sich alle die Armen und Verachteten, die Lahmen und die Blinden, die Kranken und Ausgestoßenen, denen die neue Lehre von Christi Barmherzigkeit und Güte ein Trost geworden war in ihrem Elend. Mit ihnen zog er vor den Palast des Kaisers und rief: »So halte ich mein Versprechen. Siehe, das ist der unvergängliche Schatz unserer Kirche. Achte ihn nicht gering! Heller als Gold und Diamanten strahlt in ihren Herzen der Glanz des Glaubens.« Der Kaiser aber, der sich in seinen eitlen Hoffnungen betrogen sah, fuhr auf und schrie: »Fügst du zum Betrug auch noch den Hohn?« Und da die Schergen den kühnen Diakon zwingen wollten, seinem Christenglauben auf der Stelle abzuschwören und den Kaiser anzubeten, fragte Laurentius lächelnd: »Sagt, wen soll man anbeten, den Schöpfer oder das Geschöpf?«
Da konnte der Kaiser seinen Zorn nicht mehr bändigen. Er ließ einen eisernen Rost herbeitragen, auf den band man Laurentius und verbrannte ihn bei lebendigem Leibe. Standhaft ertrug er die furchtbare Qual. Der Kaiser konnte selber das grausige Schauspiel nicht ansehen und wandte sich in seinen Palast zurück.
Fromme Hände nahmen sich des Leichnams an und begruben ihn an geweihter Stätte. Der Tod des Heiligen aber bestärkte die Gemeinde im Glauben.
Laurentius wird oft mit Stephanus zusammen abgebildet. So auch auf dem linken Flügel des Hochaltars im St.-Stephans-Münster zu Breisach. Beide sind dort als junge Männer in das Gewand der Diakone gekleidet. Während Stephanus sieghaft auf die Erde hinabblickt, wendet sich Laurentius ihm zu, als wolle er ihn fragen: »Wie hast du es gemacht? Zeige mir den Weg, damit auch ich ihn gehe!«

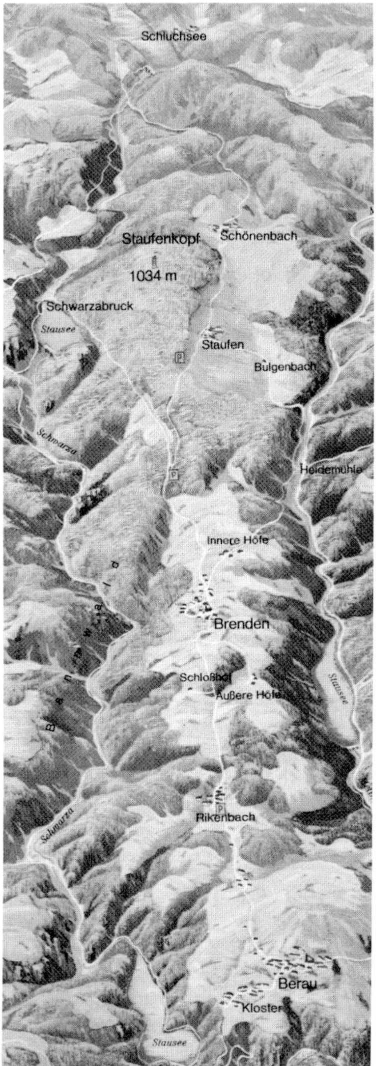

Der Brendener Bergrücken – eine Rodungsinsel, wie sie im Nordschwarzwald des öfteren anzutreffen ist. Hof reihte sich an Hof, von wo aus die Hufen unmittelbar dahinter bearbeitet wurden. Im Südschwarzwald findet man als Siedlungsformen häufig den Weiler und den Einzelhof. Durch die Beweidung haben die Höhenlagen zwischen 900 und fast 1500 Meter vielfach ihr Waldkleid verloren.

Brendener Bergrücken

Der Bergrücken zwischen dem Oberlauf der Schwarza und dem der Mettma hieß früher nur Staufen. In diesem Gebiet stießen die Herrschaftsbereiche der Klöster Allerheiligen zu Schaffhausen und St. Blasien aneinander. Gottfried von Berau schenkte 1108 den Berg Staufen dem Kloster St. Blasien. Da es hierüber zu Streitigkeiten zwischen den beiden Klöstern kam, entschieden 1150 die Schirmvögte, die Grafen Eberhard von Nellenburg und Herzog Konrad von Zähringen, daß der ganze Berg Staufen zu St. Blasien gehören sollte.
In einer Rodungsinsel liegen die einzelnen Orte auf dem Brendener Bergrücken. Schönenbach gehörte einst zur Landgrafschaft Stühlingen und kam von den Freiherren von Krenkingen durch Heirat an die Herren von Weissenburg, bis der Ort 1408 von St. Blasien gekauft wurde. 1608 erwarb das Kloster die hohe Gerichtsbarkeit über Schönenbach. Seit 1975 ist Schönenbach ein Ortsteil von Schluchsee. Bei der Nikolaus-Kapelle steht ein Brunnen aus dem Jahre 1912, dessen Brunnenstock und Trog aus Schluchseegranit gehauen sind.
Die Höfe von Schwarzhalden, die als Holzhauersiedlung im 17. Jahrhundert entstanden sind, gehörten zur Gemeinde Schönenbach. Das Holz wurde für das 1660 errichtete Eisenwerk Gutenburg an der Schlücht geschlagen und auf dem Flußwege – auf der Schwarza und Schlücht – dorthin gebracht. Das Eisenhüttenwerk stellte 1698 seinen Betrieb ein. Heute befindet sich dort die von Hugo Henselmann 1932 gegründete Gutex Faserplatten-Fabrik.
Vom Dorf Schönenbach führt eine schmale Straße den Schönenbach entlang am früheren Weiler Lanzenfurt vorbei in das Mettmatal, das bei der Schaffhauser Säge (einst zur Stadt Schaffhausen zugehörig) überquert wird, wobei eine unbefestigte Straße geradeaus nach Rothaus verläuft, während es rechts an der Säge vorbei nach Grafenhausen geht. 1341 verkaufte Egbrecht von Roth die Vogtei, den Hof, den Weiler und die Mühle Lanzenfurt an den Abt des Allerheiligenklosters zu Schaffhausen. 1609 erhielt St. Blasien Lanzenfurt. Die Mühle wurde im 18. Jahrhundert stillgelegt, während der Weiler und

Schönenbach.

der Scheuerhof 1897 abgebrochen wurden. Heute erinnert nur noch eine Hofkapelle an Lanzenfurt.
Auf dem Staufenkopf (1034 m) oberhalb des Dorfes Staufen befindet sich seit 1962 eine Richtfunkstation. Das Dorf Staufen ist aus einem Hof (1349) entstanden, der ab 1374 dem Kloster St. Blasien gehörte, nachdem dieses ihn von Bride, der Tochter des Diethelm von Krenkingen-Weissenburg, gekauft hatte.
In der Nähe von Staufen liegt Bulgenbach (1349), das aus wenigen Höfen und einer Kapelle besteht. Zu Bulgenbach gehören die Klausen- (heute Wohngebäude) und die Heidenmühle (Sägmühle) an der Mettma. Ein 1962 aufgestellter Gedenkstein am nördlichen Dorfrand erinnert an den Bauernführer Hans Müller (Gaststube Hans Müller im Gasthof »Hir-

schen« in Staufen). Seit 1974 sind Staufen und Bulgenbach Ortsteile von Grafenhausen.
Von Staufen führt die Straße nach Berau über Brenden. Vor Brenden zweigt eine schmale Straße am Grillplatz nach Schwarzabruck (Kraftwerk Häusern) in Richtung Häusern oder Höchenschwand ab. An dieser Straße steht das »Ricarda-Brünnle«, dessen Brunnenstock und Trog aus einer Schwarzwaldfichte gehauen sind. Das frische Quellwasser stammt direkt aus der wenige Meter oberhalb gelegenen »Van-de-Sandt-Quelle« (834 m).
Nach Brenden folgen Rickenbach und die Nikolaus-Kapelle, die schon zu Berau gehören. Der südliche Teil des Bergrückens

Nikolaus-Kapelle mit dem Steinbrunnen aus dem Jahre 1912.

wird auch als Berauer Berg bezeichnet. Die Bewohner von Staufen, Bulgenbach und Brenden sind in einer Urkunde auch Oberberger genannt worden, da es zwischen Brenden und Berau eine Geländestufe gibt, die die Namensgebung rechtfertigt.

Berau ist in einer St. Galler Urkunde 786 als parauva aufgeführt. Im 11. und 12. Jahrhundert saßen auf dem Berauer Berg die Herren von Berau. Gottfried von Berau schenkte 1108 seinen ganzen Besitz mit Zehntrecht dem Kloster St. Blasien. Aufgrund dieser Schenkung beschloß Abt Rusten 1112, das Frauenkloster in St. Blasien nach Berau zu verlegen. Das Kloster leitete ein von St. Blasien eingesetzter Propst, die geistliche Leitung behielt der Prior, während die Vorsteherin der Benediktinerinnen Meisterin (1330 maistrin des gotzhuses ze Berowe) genannt wurde.

Der Propst durfte den Klosterfrauen nur die Abwesenheit für eine Nacht außerhalb des Klosters bewilligen. Längeren Urlaub konnte allein der Abt genehmigen. Auf das Feld durften die Klosterfrauen nur zusammen mit einer anderen Frau und in das Dorf Berau nur in Begleitung einer geistlichen Person. Der Propst konnte die Frauen bei Ungehorsam bestrafen und sogar einsperren, durfte sie aber nur mit Erlaubnis des Abtes wieder aus der Haft entlassen.

Die Klosterkirche, die mit Kreuzgang 1117 fertiggestellt war, wurde von Bischof Bruno von Trier dem heiligen Nikolaus geweiht. Der Klosterkomplex mit Mühle, Bäckerei und Wohnung für den Propst lag in der Nähe des Herrenhauses der Ritter von Berau und war von einer Klostermauer umgeben. Mehrfach sind die Klostergebäude abgebrannt, 1188 durch Blitzschlag und 1276 durch Brand.

In Berau gab es zum einen eine Klostermühle (obere Mühle), die zusammen mit dem Frauenkloster zu Beginn des 12. Jahrhunderts errichtet worden war und bis in das 16. Jahrhundert betrieben wurde, zum anderen eine Dorfmühle (untere Mühle), die vermutlich 1274 gebaut worden ist. Das Wasser zum Antrieb der Mühlenräder lieferte die 8 Kilometer lange, künstlich angelegte Wuhre (Wühre – ein Stadtteil Freiburgs heißt Wiehre), die 1777 noch bestand, aber Anfang des 19. Jahrhun-

Staufen um 1921.

derts verfiel. Die Berauer Wuhre leitete bei der Heidenmühle das von der Mettma abgeleitete Wasser am linken Mettmahang entlang zum Berauer Berg, wo die beiden Mühlen von der Wasserkraft betrieben wurden. Der Höhenunterschied von der Heidenmühle zu den beiden Berauer Mühlen dürfte ungefähr 120 Meter betragen haben. Kleinere Bachzuflüsse im Wuhrenlauf glichen den Wasserverlust wieder aus. Flurnamen wie Wuhrhalde oder Wuhrwald erinnern an die Wuhre.

Die Berauer Wuhre wird allein kaum angelegt worden sein, um nur die beiden Getreidemühlen mit Wasserkraft zu versorgen. Vielmehr gab es vermutlich eine Schachtanlage bei den »Inneren Höfen« in Brenden, die durch Wasser aus dieser Wuhre betrieben werden konnte.

Das Kloster Berau wurde durch die Mitgiften der adligen Klosterfrauen sowie durch Schenkungen sehr vermögend. Es erhielt Höfe und Liegenschaften im Hotzenwald, Klettgau und in

Kapelle in Lanzenfurt.

Gasthaus Witznau um 1900.

der Schweiz. Aus 48 Orten in Baden und 19 Orten in der Schweiz flossen ihm Einkünfte zu. Bereits 1349 besaß das Kloster Lehen in Berau, Brenden, Bulgenbach, Dietlingen, Gurtweil, Schönenbach, Staufen und Witznau. Dazu kamen drei Dinghöfe in Berau, Thayngen und in Lütislo bei Horheim an der Wutach sowie Weingärten bei Gurtweil, im Klettgau (Willmendingen, Rechberg und Bechtersbohl) und im Breisgau.

Abt Blasius III. von St. Blasien erließ 1722 eine Ordnung für den Propst, der jeden Morgen vor der Arbeit an einer Messe teilnehmen mußte. Zur Taufe erhielten die Eltern einen Laib Weißbrot vom Kloster und drei Liter Wein vom Propst. Von der Lochmühle wie von der Witznauer Mühle bekam der Propst jährlich ein Fastnachtshuhn. Außerdem hatten die Wirte von 50 Liter verkauftem Wein einen Liter an den Propst abzugeben.

Nach der Aufhebung des Benediktinerinnen-Klosters am 11.

April 1807 wurde 1810 eine Pfarrei gegründet. 1811 wurde die Klosterkirche versteigert; das Klostergebäude hingegen wurde 1846 durch einen Brand beschädigt und abgerissen. Heute erinnert nur ein Kreuz im Gewann Kloster an das Frauenkloster. Die heutige Dorfkirche, dem heiligen Pankratius geweiht, wurde auf dem Fundament einer älteren Kirche, die 1853 niedergebrannt war, aus Buntsandstein errichtet. Der Kirchturm war erst im Jahre 1856 vollendet. Das ehemalige Propsteigebäude dient heute als Pfarrhaus. Am Portal erinnert noch ein Wappenstein an die Klosterzeit (Wappen von Abt Franz II. Schächtelin von St. Blasien, rechts die drei Bärenköpfe als Symbol für die Ritter von Berau).
Das Vogteirecht übten nach dem Erlöschen der Ritter von Berau die Freiherren von Eschenbach aus. Agnes von Nellenburg, geborene von Eschenbach, brachte die Vogteirechte als Mitgift mit, so daß Graf Mangold von Nellenburg Schirmvogt war; er verkaufte die Vogtei Berau 1287 an den Ritter am Stad in Schaffhausen. Hans am Stad, Bürgermeister von Schaffhausen, veräußerte schließlich die Vogtei an St. Blasien, das somit die niedere Gerichtsbarkeit ausüben konnte. Die Landeshoheit blieb weiterhin beim Landgrafen von Stühlingen, bis das Kloster 1612 auch diese noch erlangen konnte.
Die Siedlungen auf dem Berauer und Brendener Berg entwikkelten sich zur Vogtei Berau. Dazu gehörten 1446 Berau, Brenden mit den »Inneren« und »Äußeren Höfen«, Staufen, Bulgenbach, die Lochmühle, Leinegg und Witznau.
Das Wirtshaus »Rößle« ist das älteste Wirtshaus in Berau. 1405 wird bereits ein Konrad als Wirt erwähnt.
Hinter Berau beginnt eine wildromantische Alpenstraße, die vom Berauer Berg in Serpentinen hinunter in das 250 Meter tiefer liegende Schlüchttal führt. 1866 bis 1868 wurde die Straße erstmals verbreitert. Dazu lieferte der Salpetersieder und Pulvermacher Franz Mezler aus Brenden 849 Pfund Schießpulver. Diese kurvenreiche Straße wurde 1972/73 erneuert, und dabei wurde ein 18 Meter langer Tunnel aus dem Jahre 1868 gesprengt. Bei der Witznauer Mühle (439 m) mündet die Straße vom Berauer Berg in die Schlüchttalstraße, und die Schwarza fließt in die Schlücht.

Straße von Berau nach Witznau um 1907.

In Witznau bestand eine Getreidemühle (1347) und 1446 auch eine Sägemühle. 1696 kam eine Zapfenwirtschaft hinzu, damit die wartenden Getreidefuhrleute ihre Zeit leichter überbrücken konnten. Mit der Säkularisation des Klosters St. Blasien fiel die Mahl- und Ölmühle mit der Kopfsäge an die badische Domä-

Heidenmühle, 1919.

nenverwaltung, die diese 1815 zum Verkauf anbot. 1831 kaufte Xaver Hilpert aus Dietlingen das gesamte Anwesen, das unter seinen Söhnen 1890 aufgeteilt wurde. Lukas Hilpert übernahm die Getreidemühle, sein Bruder Sebastian die Säge. Der heutige Gasthof stammt aus dem Jahre 1895. Das Sägewerk wurde nach einem Brand 1953 wieder neu errichtet.
Das Kraftwerk Witznau ist in den Jahren 1939 bis 1943 entstanden. Die Staumauer, die 116 Meter lang und 49 Meter hoch ist und drei Hochwasserüberläufe hat, staut die Schwarza zu einem 1,6 Kilometer langen Speicherbecken.
Die Burgruine Allmut über dem Schlüchttal, die 65 Meter hoch über der Talsohle liegt, kann man von der Wendelinskapelle bei den Allmuthöfen bei Aichen oder über den Steg bei der Bushaltestelle unter dem Allmutfelsen erreichen. Burg Allmut dürfte zu Beginn des 13. Jahrhunderts von den Rittern von Allmut errichtet

worden sein, deren Geschlecht bald erlosch. Denn bereits 1297 ist die Burg als Lehen an die Landgrafen von Lupfen übergegangen. Eberhard von Lupfen verpfändete 1352 die Burg an Diethelm von Mundelfingen, die dieser dann auch erhielt, weil Eberhard sein Pfand nicht einlösen konnte. Im 15. Jahrhundert wechselte die Burg des öfteren den Besitzer, bis sie 1587 von Ernst von Reischach an das Kloster St. Blasien verkauft wurde. Zu dieser Zeit war die Burg aber bereits verlassen und verfiel. Lediglich die Burghöfe waren erhalten.

Sagen von Brenden

Im Mettmatal lebte zur Zeit, als das Christentum bis in den Schwarzwald vordrang, ein heidnischer Müller. Nach wie vor opferten er und die Seinen den alten Göttern. Weil er sich nicht zum Christentum bekehren wollte, brachte niemand mehr das Korn in seine Mühle, und eines Tages wurde er mit seiner Familie sogar vertrieben. Der Müller und seine Leute aber schworen Rache, und noch in derselben Nacht kamen sie heimlich in das Dorf und trugen die Brandfackel von Haus zu Haus. Am Morgen war alles ein rauchender Trümmerhaufen. Seit jener Zeit heißt das Dorf *Brenden* und die Mühle im Mettmatal *»Heidenmühle«*.

In der Klausenmühle im Tal der Mettma hauste einst ein Müller, dessen Mühle auch an Sonn- und Feiertagen nicht stillstand. Wie an den Werktagen schüttete er auch am Sonntag das Korn auf, während das mächtige Wasserrad, über das die Wasser der Mettma plätscherten, immerzu warnte: »'s isch Sunntig hüt, 's isch Sunntig hüt!« Der Müller aber hörte in seiner Gier nicht darauf, und darum war seiner Arbeit auch kein Segen beschieden.
Bald nach seinem Tode wurde es an den Sonntagen unruhig in der Mühle, und die Leute sagen, daß es der Klausenmüller sei, der dort umgehe.

Nicht weit von der Heidenmühle gegen Bulgenbach, der Hei-

Das Sägwerk der Heidenmühle, 1912.

mat des Bauernführers Hans Müller, zu, geht die Windlefrau um. Manche wollen sie an der Mettma beim Windelnwaschen gesehen haben.
Eines Nachts war ein Bauer von den »Inneren Höfen« auf dem Heimweg von Staufen über Bulgenbach und vorbei an der Heidenmühle auf den Brendener Berg. Kaum war er an der Heidenmühle vorbei, sprang ihm die Windlefrau unversehens auf den Rücken. Er ächzte und schwitzte unter der schier unerträglichen Last, aber die Angst trieb ihn den Berg hinauf. Erst als er völlig erschöpft vor der Haustüre stand, war der Spuk urplötzlich, wie er gekommen, verschwunden.

Vor Jahrhunderten wurde an den Halden des Schwarzatales nach Silber gegraben.
Vier Erzknappen, die aus Tirol gekommen waren, legten das

Gelübde ab, daß jeder eine Kapelle bauen wolle, der Glück bei seinen Unternehmungen haben und fündig werden würde.
So entstanden die *Laurentiuskapelle in Brenden* nach dem Knappen Lorenz, die Galluskapelle zu Buggenried nach dem Knappen, der Gallus hieß, die Martinskapelle in Seewangen nach dem Erzgräber Martin und die Cyriakkapelle auf dem Dürrenbühl, die der Knappe Cyriak errichten ließ.

Mettmatal

Ein bequemer Einstieg in das malerische Mettmatal ist einmal von der Straße Schönenbach–Brünlisbach/Rothaus oder in Grafenhausen am Grillplatz Lanzenfurt möglich, zum anderen auch von der Straße Brenden–Buggenried an der Heidenmühle oder von der Straße Berau–Riedern an der Lochmühle.
Die Lochmühle wurde 1629 erbaut und war eine Lehensmühle der Propstei Berau, wohin die Bewohner von Hürrlingen und Seewangen ihr Getreide zu bringen hatten. Mit dem Wegfall der Berauer Dorfmühle konnten die Bewohner von Brenden und des Berauer Bergs ihr Getreide entweder in der Witznauer oder in der Lochmühle mahlen lassen. 1922 stellte die Lochmühle ihren Mühlbetrieb ein und dient seither als Wohnhaus.
Geht man von der Lochmühle talaufwärts, so erreicht man nach 1,6 Kilometern die Sperrmauer des 1,7 Kilometer langen Mettma-Staubeckens. Die Staumauer wurde in den Jahren 1939 bis 1943 errichtet und hat eine Länge von 132 Meter und eine Höhe von 45 Meter. Das Wasser fließt durch eine Druckrohrleitung zum Kraftwerk Witznau.
Die Mettma entspringt am Fohrenbühl bei Faulenfürst und mündet nördlich des Schwedenfelsens in die Schlücht. Der Name Schwedenfelsen erinnert an die Schweden, die in den Jahren 1634 und 1638 die Weiler in dieser Gegend überfallen und geplündert haben.
Von der Burg Mandach an der Schloßhalde in 665 Meter Höhe am linken Talhang der Mettma sind nur noch ganz wenige Mauerreste vorzufinden. Bei der Burgruine liegen die ehemaligen Burghöfe, die Weiler- und Mandachhöfe.

Furt im Mettmatal.

Holzlagerung nach dem Windbruch im Frühjahr 1990.

Die Burg hieß im 14. Jahrhundert Burg Weiler, und als sie nach 1568 von den aus dem Zürichgau stammenden Herren von Mandach übernommen wurde, erhielt sie den Namen Mandach. Die Erbauer der Burg könnten die Grafen von Nellenburg gewesen sein, die die Burg ihren Hofbeamten, möglicherweise anfangs den Rittern von Ühlingen, überließen. Um die Mitte des 14. Jahrhunderts hatten die Herren von Erzingen die Burg im Besitz, die zugleich Dienstleute der Landgrafen von Lupfen waren. Vor 1500 gehörte die Burg den Herren von Reischach, 1501 war sie im Besitz des Klosters St. Blasien, das Vögte als Verwalter einsetzte. Die Bauern der umliegenden Höfe mußten 1547 ihre Zinsfrüchte auf Burg Weiler abliefern. Die Burg blieb nicht lange im Besitz des Klosters, sie ging auf die Herren von Mandach über, die ihr Stammschloß bei Regensberg hatten. Christof von Mandach war 1589 Obervogt des Markgrafen von Baden in Ettlingen und trat für ihn beim Reichskammergericht in Speyer auf . Seine Witwe übergab die Burg dem Kloster Riedern. Ihr Sohn Christof Jakob war Hofmeister des Bischofs von Worms und starb 1656. Die Burg Mandach dürfte Anfang des 17. Jahrhunderts aufgegeben worden sein.

Geht man von der Brendener Kirche oder dem gegenüber befindlichen Rathaus die Dorfstraße hinunter, hat man den Kern des Ortes im Rücken, die untere Matte, auf der im Sommer träg die Rotbraunen rupfen und wiederkäuen, zur Rechten ein unbebautes Grundstück ohne elektrischen Zaun, wie bei den tiefer gelegenen Wiesen üblich. Der Feldweg ist schmal, asphaltiert bis zum Klärbecken. An einer Biegung wendet sich der Fußgänger in Richtung Schwarza, um nach kurzer Wegstrecke vor dem Bannwald zu stehen. (Ein sich selbst überlassenes Stück Wald heißt in Baden-Württemberg Bannwald.) Die Sonne brennt durch die Blätter- und Nadeldächer und wirft gebündelte Lichtstrahlen auf den Weg. Wer diesen Wald betritt, sollte das Sehen nicht verlernt haben.

Die Idee des Bannwaldes tauchte erstmalig 1900 in dem Aufsatz *Zur Erhaltung der vaterländischen Naturdenkmäler* von Robert Gradmann in den Blättern des Schwäbischen Albvereins auf. Die württembergische Forstverwaltung verwirklichte das erste Projekt eines Bannwaldes in der Umgebung des Wilden Sees im Nordschwarzwald im Jahre 1911 aufgrund des Vor-

Berieselung zur Vermeidung von Schädlingsbefall.

Naßlagerung.

schlages des Tübinger Forstwissenschaftlers Wagner. Da es noch kein Naturschutzgesetz in dieser Zeit gab, behalf man sich mit forstlichen Einzelverordnungen. Das erste Reichsnaturschutzgesetz wurde 1935 beschlossen.

Den Wald Germaniens beschrieb Tacitus seinen Landsleuten, die es gewohnt waren, in einer reichlich entwaldeten Landschaft zu leben, als »ein schaurig durch Sümpfe und Wälder entstelltes« Gebiet. Auch als die Römer ihren Limes nördlich der Alpen bauten, versuchten sie kaum, in die dunklen Wälder Germaniens vorzudringen. Vor allem der Südschwarzwald, der »mons abnoba«, erschreckte sie. Selbst Kaiser Julian stellte den Schwarzwald furchtbarer dar als den verrufenen Taurus.

Nicht nur die Römer, auch andere Völker wie z. B. die Franzosen haben zu dem Wald eine andere Einstellung. Während wir Deutsche eine enge Beziehung zum Wald haben, haben Franzosen ein eher distanziertes Verhältnis dazu. Eine Vorstellung vom Wald wird uns im Märchen *Hänsel und Gretel* vermittelt. Ein jeder von uns empfand als Kind die Einsamkeit der Geschwister, die von ihren Eltern verstoßen worden waren, und ebenso mag sich mancher Wanderer gefürchtet haben, wenn er sich im Walde verirrt hatte und den richtigen Weg so schnell nicht wiederfand.

Otto Wagner: *Schwarzatal.*

Für andere aber ist der Wald eine Stätte der Stille und des Aufatmens. Sein Charakter offenbart sich durch die angrenzenden Wiesen mit ihrer Vielfalt von Fauna und Flora. Gerade dieser Kontrast zwischen Wiese und Wald ist es, der die Menschen zur Bewunderung hinreißt. Die Konfrontation mit dem Gegensatz besticht das Auge.
Was wäre der Wald ohne die Wiesen, die einen freien, weiten Blick gewähren? Was wären aber auch die Wiesen ohne den stillen, dunklen Wald?
Ziel der Forstwirtschaft ist aber der aufgeräumte Wald, der lebensvoller und lebensfreundlicher als der »Naturwald« ist. Über diese gepflegte Natur spottet Robert Musil: »Urwälder haben etwas höchst Unnatürliches und Entartetes, die der Natur zur zweiten Natur geworden ist, fällt in ihnen in Natur zurück. Ein deutscher Wald macht so etwas nicht.«
Der Bannwald bietet nur ein Bild des Naturwaldes, wie er sich aus dem heutigen Baumbestand ergibt. Die früheren Waldungen wiesen weit mehr Rotbuchen, Weißtannen, Birken, Ahorn- und Vogelbeerbäume auf. Der buchenbestimmte Schlucht- und Bergwald war mit Feld- und Bergulme, Esche, Sommer- und Winterlinde, Berg- und Spitzahorn, Weichselkirsche, Hainbuche, Salweide und Vogelbeerbaum durchsetzt.
Es gibt kaum noch einen Wald hierzulande, wo die Bäume alt werden, umstürzen und vermodern, um Jungpflanzen, deren Samen von Wind und Vögel gesät wurden, Platz zu schaffen. Die wenigen Reste sind Versuche, einen Zustand wiederherzustellen, wie er einmal in unserer Gegend geherrscht hat. So ist auch der Brendener Bannwald eine winzige Insel im Kulturwald.
Im Bannwald gibt es Baumriesen – Weißtannen, Fichten –, deren Kronen den Himmel tragen, so fern sind sie von der Erde. Mächtige Säulen liegen entwurzelt am Hang, zweifach, dreifach gekreuzt.
Dort, wo der Wipfel am Boden liegt, dringt Sonnenlicht hindurch und bietet jungen Pflanzen Lebensmöglichkeit. Abgefallenes Holz wird langsam zu Humus, bester Nährboden für Samen, die keimen können. So ist der Bannwald ein sich selbst erneuerndes System und alterslos. Ein Stück Ur-Natur ist diese winzige Insel im Schwarzatal.

Wald, Baum, Holz – alles einsilbige Wörter. Theodor Heuss sagte: »Holz ist ein einsilbiges Wort, aber dahinter verbirgt sich eine Welt der Märchen und Wunder.« Bei Hermann Hesse heißt es: »Bäume sind Heiligtümer. Wer mit ihnen zu sprechen, wer ihnen zuzuhören weiß, der erfährt die Wahrheit.«
Holz ist ein sehr vielseitiger Rohstoff. Aus Holz wurden Hausrat und Geräte gefertigt, aus Holz wurden Häuser gebaut, mit Holz wurden sie geheizt, Holz benötigten Köhler, und Holz wurde für den Bergbau eingesetzt. Um Harz für die Herstellung von Farben zu gewinnen, kerbte man die Baumrinde ein, wodurch der Baum viel von seiner Lebenskraft einbüßte. Darüber hinaus benötigten die Glashütten, die Drechsler, Kübler, Schnefler und Schreiner viel Holz.
Um der Waldvernichtung entgegenzutreten, begannen die Vögte bereits im 16. Jahrhundert, den Mischwald zu ersetzen. Dies allein genügte nicht, um den Wald zu erhalten. So entwik-

◁ △ Pilzskulpturen.

Silberdistel (»Hotzenwälder Edelweiß«).

kelte sich eine Forstverwaltung, deren Aufgabe es heute ist, eine ausgewogene Altersstruktur des Waldes zu sichern.
Schäden im Wald können auch durch Naturgewalten entstehen. Dabei sind es weniger die Westwinde als die seltenen Ostwinde, die Windbruch und Windwurf herbeiführen. Auch Schneedruck und Schneebruch schaden dem Wald, den Fichten allerdings mehr als den Weißtannen und Buchen und auch nur dann, wenn sie noch im Laub stehen.
Der Brendener Bannwald besteht aus Edeltannen (Weißtannen), Fichten, Kiefern (Föhren, Forlen), Lärchen und Douglasien, Rotbuchen, Eichen, Eschen, Ebereschen, Erlen, Birken, Ulmen, Robinien, Bergahorn, Weiden und aus Sträuchern wie Haselnuß, Wacholder, Schwarz-, Weiß- und Rotdorn sowie Wildkirsche.
Die sandigen Granitböden an manchen Stellen bieten gute Bedingungen für Beerensträucher. So gedeihen Heidelbeeren, Preiselbeeren, Himbeeren, Brombeeren und Rauschbeeren in Verbindung mit Farn, Springkraut und des öfteren Weidenröschen.
Der Waldboden ist dort gesund, wo die Buche wächst. Wo sie fehlt, vergrast und verunkrautet der Boden. Auch eine Schicht Fichtennadeln bekommt dem Boden nicht.
Borkenkäferfallen trifft man häufig an. Mit ihrer Hilfe hofft man, die durch diesen Schädling hervorgerufenen Baumverluste geringhalten zu können. In Brenden und Umgebung findet man zahlreiche Ameisenhaufen, deren Bewohner dazu beitragen, den Baumbestand insektenfrei zu halten.
An Vogelarten sind roter Milan, Bussard, Habicht, Falke, Schleiereule, Elster, Bunt-, Grün- und Schwarzspecht, Krähe, Haselhuhn, Fischreiher, Wildente, Bachstelze, Schwalbe, Meise, Grasmücke, Zaunkönig, Dompfaff, Goldammer, Wacholderdrossel, Star, Lerche, Stieglitz und seltener der Zeisig vertreten.
An Kriechtieren gibt es die Smaragd- und Zauneidechse, die Blindschleiche, Ringelnatter und Kreuzotter, den Grasfrosch, die Kröte und den Feuersalamander. Die Zahl der Säugetierarten ist nicht groß: Hase, Fuchs, Iltis, Reh, Gemse und Hirsch.
Daß Tiere auf bekömmliche Nahrung angewiesen sind, zeigt

sich beim Reh. Es hat nur einen kleinen Vormagen, den man Pansen nennt und in dem die Nahrung vor dem Zerkleinern durch Wiederkäuen gesammelt und mit Mikroorganismen angereichert wird. Das Reh ist nur dann überlebensfähig, wenn es leicht verdauliche Nahrung zu sich nimmt. Gras macht lediglich zehn Prozent seiner Nahrung aus. Mehr als 50 Prozent bestehen aus gehaltvollerer Baum- und Strauchvegetation, 15 Prozent aus Kräutern und der Rest aus niederen Pflanzen. Baum- und Strauchnahrung aus Jungpflanzen und Trieben sind für das Reh lebenswichtig.

In einem Waldstück voller Heidelbeeren haben wir in der Abenddämmerung einen Auerhahn erspäht. Diese großen Vögel sind aus Gasthöfen gut bekannt, wo ausgestopfte Auerhähne zu den beliebtesten Ausstattungsgegenständen gehören. Erst seit kurzem stehen diese Vögel auf der Roten Liste der gefährdeten oder bedrohten Arten. Auerhähne brauchen aufgelockerte Wälder. Denn nur, wo es reichlich Unterwuchs gibt, kann der Nachwuchs aufgezogen werden. Zudem gibt es dort genügend frische Knospen, Blätter und Beeren als Nahrung. Der Auerhahn benötigt außerdem noch freie Stellen für die Balz. Auch brauchen diese Vögel vegetationsfreie Plätze, um Sandbäder nehmen zu können, die sie nötig haben, um sich von Parasiten zu befreien und um Steinchen zu finden, mit denen sie in ihrem Magen die schwer verdaulichen Zellulosefasern zermahlen. Die großen Vögel bevorzugen Gebiete mit wuchtigen Bäumen, auf denen sie die Nächte und den Winter verbringen und von deren Nadeln sie sich dann ernähren können. Ganz besonders eignet sich dafür ein Bannwald in der Nähe ihrer Futterplätze. Mit den dichten, vom Unterwuchs befreiten Wäldern kommen die Tiere nicht zurecht. Im Schwarzwald dürften daher heute nur noch wenige Vögel vorkommen.

Um das Auerwild zu erhalten, gibt es ein von der IBM unterstütztes Forschungsprojekt, das auf viele Fragen Antwort finden soll. Wie groß muß das Revier der Auerhähne sein? Welche Fläche benötigt die Henne? Unter welchen Bedingungen kann sie ihre Jungen, das Gesperre, aufziehen? Müssen es unbedingt Heidelbeeren sein, oder dienen Preisel- oder andere Beeren als Nahrungsersatz? Wie schützen Auerhähne ihre Jun-

Ameisenhügel.

gen in den Nestern am Boden vor Regen und Wind, vor Habicht, Fuchs und Marder? Brauchen die Jungen Ameisen für ihren Eiweißbedarf? Was sind die bevorzugten Plätze der Hennen und Hähne im Sommer oder im Winter?

Zur besseren Erforschung ihres Verhaltens werden die freilebenden Tiere mit Sendern ausgestattet. Die Telemetrie hat sich bereits bei anderen Tierarten bewährt. Der Sender wiegt kaum 28 Gramm und verschwindet unter dem Gefieder wie das Band, an dem er hängt. Der Sender gibt etwa zwei Jahre lang Auskunft über den Aufenthaltsort und das Verhalten des Tieres. Zwei bis drei Kilometer weit sind die Signale zu empfangen. Stehen keine Hindernisse im Weg, manchmal auch doppelt so weit. Die ersten Forschungsergebnisse zeigen, daß der Auerhahn ein Revier von etwa 500 Hektar benötigt. Die Henne scheint weniger zu beanspruchen. Wie bereits vermutet, bevorzugt das Auerwild alte Waldbestände. Für die Henne kommt es vor allem auf eine üppige Bodenvegetation an. Auf die weiteren Forschungsergebnisse ist man gespannt, da man zum Ziel hat, das Auerwild wieder heimisch zu machen.

Wer im Wald unter den vielen Vogelarten einen Tannenhäher sehen will, dem muß der Zufall hold sein. Er ist dunkelbraun mit kräftig-weißen Tupfen und hat einen langen spitzen Schnabel, mit dem er dem Tannenzapfen geschickt seine Hauptnahrung, den Samen, entnimmt. Im Herbst hortet er wie sein amerikanischer Artgenosse, der etwa gleich große Kiefernhäher (nutcracker), Koniferensamen und vergräbt sie im Boden. Eine ganze Menge dieser Samen holt er aber nicht mehr, entweder weil er die Vorratsstelle vergessen hat oder weil er ums Leben gekommen ist. Die Samen keimen dann im Boden. So trägt der Tannenhäher zur Ausbreitung von Koniferen (Zapfenträgern) bei. Der Eichelhäher ist in Laubwäldern zu Hause. Er ist rötlichbraun mit schwarz-weiß gestreiften Scheitelfedern und einem weißen Bürzel.

Der Brendener Bannwald hat seine ganz besonderen Reize. Die wilde Talschlucht der Schwarza mit Höhenunterschieden bis zu 300 Metern eignet sich als Standort eines Bannwaldes wie kein zweiter. Es läßt sich auf den schmalen Pfaden gut gehen, doch ist es ratsam, festes Schuhwerk zu tragen. Denn der Schritt geht über verrottete Baumstämme hinweg, die von Farnkraut und verschiedenen Pilzarten überwuchert sind.

Im Bachbett der Schwarza ragen schwarzglänzende Felsen aus dem Wasser. Es ist kein schwarzer Basalt, sondern es sind Humusstoffe, die den Fels schwarz gefärbt haben. Nicht umsonst heißt der Fluß, der sich tief eingegraben hat, Schwarza.

Matten im Mai

Eine Wanderung heute, die Matten entlang, beruhigt, erheitert mich. Löwenzahnblüten leuchten im Gras.

Gelb, gelb! Das ist Sonne, Energie und Wärme. Es wirkt alles freudig, lebensfroh.

Sind sie nicht wie lauter kleine Bollen, die den Trachtenhut verzieren? Oder wie Konfetti aus goldgelbem Seidenpapier, die der Wind uns zugeworfen hat, um uns zu einem Fest einzuladen, dem Maienfest?

Fest des Grases, Fest der Matten.

Millionen von gelben Löwenzahnblüten bilden einen faszinierenden Kontrast zum Dunkelgrün des Waldes und zum »Rotkäppchen«.

Gelb und wieder Gelb, tausendmal, zehntausendmal, und leuchtend, aber so rasch dahin! Verschwendet, dem Mai zum Schmuck.
Blüht, ihr gelben Feuerzungen, rasch, rasch, das Wochenende ist kurz.
Die Matte – etwas ganz Einfaches, Gewöhnliches, die Erde bedeckend. Sie ist anspruchslos, nur dazu da, gemäht oder niedergetrampelt zu werden. Und dennoch verdient sie Achtung wie Steine und Bäume, wie jedes andere Ding in der Welt. Aus der Erde wachsen sie, diese Abertausende von Gräsern mit ihrem tiefen Grün, darin das leuchtende und reine Gelb; und dennoch spiegeln sie Sonne und Himmel. So reifen sie, die Gräser, die hell- bis goldgelben Blüten; und wenn dann die gefiederten Früchte am Stengel haften, so nur darum, weil sich die Blüten dem Winde anvertrauten, sich ihm auslieferten.
Einfache Dinge, bewundernswerte Dinge. In der Erde verwurzelt, über der Erde jedoch selbständig. Sich zur Schau stellend. Wie eine Trachtengruppe beim Tanz.
Diese Dinge, Gräser und Blüten, diese Farben der Natur, beim Wandern erblickt, Teile der Schöpfung!
Gräser und Löwenzahnblüten, meine Wahrnehmung füllend, für Sekunden, für Minuten. Ein Stück meiner Zeitkurve. Mai-Matten in meinem Blick, gelber Glanz oder goldgelber, der sich in meinen Träumen widerspiegelt.
Gräser, Löwenzahnblüten, Erde, Wiesen-Bocksbart, Wollgras, Schachblumen, Knabenkraut, Sauerampfer, Dotterblumen, Hahnenfuß, Gänse-Fingerkraut, Bach-Nelkenwurz, Veilchen, Wiesen-Kerbel, Schlüsselblumen, Salbei, Leinkraut, Fettkraut, Habichtskraut, Wachtelweizen – und die Sekunden unter Millionen von Sekunden, dieser Tag unter Hunderten von Tagen.
Ein Tag, ein Wochenende im Mai. Die Matten im Mai.

Ein Sommer in Brenden

Ist es nicht ein Erlebnis, einen Sommer auf dem Land zu verbringen? Es gibt keine Hochhäuser, keine dichtgedrängten Häusermeere, keine Wohnschluchten, keine ausgeschnittenen Winkel

Auf den Bänken an Ricardas Brünnle.

des Himmels zwischen den Dächern, dafür alte Bauernhöfe, Traktoren, Landmaschinen und den weiten Horizont. Da ist die weißgetünchte Kirche, zur Wetterseite eine graue, geschieferte Wand, goldene Ziffern und Zeiger auf den zwei Seiten des kleinen Uhrenturms, so daß man die Zeit von den Wiesen des in nordsüdlicher Richtung verlaufenden Brendener Bergrückens her verfolgen kann. Mehr jedoch erinnert das Geläut an die Uhrzeit, das Dasein, das In-der-Welt-Sein. Da ist der Friedhof, umgeben von einer Mauer, die eine Zone der Stille umschließt. Da ist auf der einen Seite das ehemalige Schulhaus, der heutige Kindergarten, mit einem großen Spielplatz und einer Lehrerwohnung, auf der anderen Seite der prächtige Lindenbaum, der am 4. Mai 1871 als Friedenslinde wie an vielen anderen Orten gesetzt wurde, mit einer rundum verlaufenden Sitzbank und einem stattlichen Schwarzwaldbrunnen. Daneben befindet

sich das ehemalige Rathaus, heute beherbergt es die Post, einen Lesesaal und die Volksbank.
Das Dorf hat seine übersichtliche Struktur behalten. Leicht sind in dem Runddorf mit den beiden Eckpunkten »Innere Höfe« und »Äußere Höfe« die Schnittstellen der Geselligkeit auszumachen: die zwei Gastwirtschaften – die eine mehr für die Alt-Brendener, die andere für ein eher gemischtes Publikum: Urlaubsgäste und Brendener. Das Dorf ist mit anderen Ortschaften nur in zwei Himmelsrichtungen vernetzt. Berau und Staufen sind schon Dörfer mit einem anderen Horizont. Die Gemarkung ist die Grenze. So steht die Löffel-Kapelle auf der Gemarkung Grafenhausen. Trotzdem haben die Dorfbewohner keine Mühen gescheut, dieses im Wald gelegene Kirchlein wieder herzurichten und es ständig mit frischen Blumen zu versorgen. Auf einem Podest steht eine kleine Madonnenfigur, das Werk eines schwäbischen Bildhauers aus Zwiefalten.
Das Auffällige im Dorf ist die Stille, eine wohltuende Stille, die erst durch leichte Geräusche hörbar wird: wenn die Melkmaschinen summen, wenn der Ochse brüllt oder wenn ein Mann mit hallenden Schritten spät aus der Gastwirtschaft seinen Weg nach Hause sucht.
Das alte Dorf hat seine Bauernhöfe, die dicht beieinander stehen, alle in westöstlicher Baulage, so in die Himmelsrichtung gestreckt, wie sie über Generationen hinweg gebaut wurden. Diese Bauweise hat sich zum Schutz vor den heftigen Herbst- und Frühjahrsstürmen bewährt. Vielfach stehen die Höfe in Mulden oder hinter einem dichten Fichtenstand windgeschützt. Zu den Höfen gehören Familiennamen wie Alex, Bockstaller, Ebner, Eckert, Isele, Maier, Morath und Weber. Dort, wo Brenden wächst, gestaltet es sich parzellenweise geordnet. Die Neubauten wenden sich mit ihren Balkonen zur Sonnenseite. Auch diese Häuser sehen sich ähnlich. Rasch wachsende Hekken, gepflegter Rasen und in vielen Gärten ein kleines Stück für Gemüseanbau sind ihre Merkmale. Lediglich die Neubauten im Anschluß an das ehemalige Rathaus am Rühligweg sind von englischer Parklandschaft umgeben, an die sich ein landwirtschaftlich genutzter Grüngürtel anschließt. Dieser sich von der Bebauung her ergebende Ovalstreifen verlängert den Park und

gibt dem Dorf ein besonderes Gepräge. Eine Bebauung würde den Eindruck zerstören. Unter den vielen Häusern ist seiner Größe wegen besonders das des Försters Geisert hervorzuheben, ansonsten am Dorfrand – seit der letzten Renovierung – das Brüderle-Anwesen. Von dort führt der Sonnenweg zu den Wiesen, die eine reiche Vielfalt von Blumen aufweisen. Es duftet dort wie in den Gärten des Mittelmeeres, und die Farben sind so prächtig und mannigfaltig wie bei einem Sonnenuntergang – Californian sunset, ein Farbenspiel der Natur. Von anmutiger Schönheit sind die wogenden, mit blühendem Löwenzahn gepunkteten Matten im Mai. Sie spiegeln sich wider im Auge des Betrachters und wirken wie ein Gemälde van Goghs. Verschiedene Getreidesorten wachsen auf den wohlbestellten Feldern. Es ist zu erkennen, daß der hoch oben trillernde Vogel eine Lerche, daß der über dem Wald und den Wiesen kreisende Raubvogel ein Bussard, ein Habicht oder ein roter Milan ist.
Das Dorf befolgt am Sonntag noch die alte Ordnung – nach der Messe der Frühschoppen. Es gibt einen Pfarrer, der in seinem Pfarrhof mit den Apfelbäumen und den vielen Gemüse- und Kräuterarten an dem Weg zu den »Inneren Höfen« residiert. Neben dem Pfarrer und dem Förster ist der Ortsvorsteher eine Autoritätsperson. Im ehemaligen Rathaus gibt es Sprechstunden, in denen man eine Geburts- oder Heiratsurkunde beantragen kann. Man muß nicht immer nach Ühlingen fahren, dem Sitz der neuen Verwaltung seit der Eingemeindung. Den Gemeindediener jedoch, der, mit einer Schelle versehen, auf einem Fahrrad durchs Dorf radelte, sich vor den Häusern postierte und seine Bekanntmachungen verlas, gibt es nicht mehr. Das Gemeindeblatt ersetzt diesen Brauch. Dafür benötigt man um so mehr den Gemeindediener, der für Sauberkeit sorgt, da der Fremdenverkehr seine Spuren in der Landschaft, auf Rast- und Grillplätzen hinterläßt.
Auch die Industrialisierung ist nicht spurlos an dem Dorf vorbeigegangen. Es gibt eine Schreinerei (Bernauer), einen Elektroladen (Zimmermann) sowie einen Landmaschinen- und Autoservice (Bockstaller). Daneben wird auf Bestellung noch jeden Dienstag im Backhäusle Brot gebacken, so daß man nicht auf ein Sonderangebot, und das meist ohne Geschmack, zurück-

greifen muß. Ansonsten hat das Auto die Arbeitskräfte in das Rheintal und die nahe Schweiz bis nach Nußbaumen kurz vor Baden, nach Schwarzabruck, St. Blasien, in das eigene Geschäft (Elektro-Keller) oder in das Hetzel-Hotel nach Schluchsee gezogen. Aus dem Bauernhof als einstigem Familienbetrieb ist ein Einmannbetrieb geworden, den die Hausfrau bewirtschaftet. Unterstützt wird sie abends von ihrem Mann, der tagsüber seinem Hauptberuf nachgeht. Heute arbeitet man in der Stadt und lebt auf dem Dorf, weil die Landwirtschaft die Familie nicht mehr ernähren kann. Es gibt viele Pendler, die nun zwischen Stadt und Dorf hin- und herfahren müssen – die modernen Wandergesellen. Sind sie nicht die Kulturträger, die neue Impulse in das Dorf bringen? Sind nicht gerade sie die Menschen, die für Geselligkeit sorgen? Sie sind die Menschen, die die Mitte des Lebens und Wirkens am Ort sind, ohne die das Dorf vereinsamen würde. Vielleicht sind sie die Antriebskräfte, aus denen sich Sprache und Form für ein mannigfaltigeres Gemeinwesen entwickeln.

Sommerwanderung

Weites, goldenes Ährenmeer
Wogt im Wind auf reifen Stengeln.
Hufbeschlag und Sensenschwengeln
Klingen fern vom Dorfe her.

Warme, düfteschwere Zeit!
Zitternd in der Sonne Gluten
Wiegen sich die goldnen Fluten
Reif und schon zum Schnitt bereit.

Fremdling, der ich ohne Pfad
Suchend pilgere auf Erden,
Werd ich reif befunden werden,
Wenn auch mir der Schnitter naht?

Hermann Hesse

Ricardas Brünnle.

Auf den Bänken

Wenige Meter hinter der Löffel-Kapelle biegt der Pfad ab und führt nach links hinunter den Saum des Waldes entlang. Er überquert die Straße, die nach Brenden oder Staufen führt, um dann in einen Weg zu münden, der von Traktorreifen durchfurcht ist. Holzarbeit. Der Wald wird lichter. Der Wanderer steht vor einem Wappenstein, der auf eine Quelle und ein Brünnle hinweist. Eine Inschrift auf der Rückseite erinnert mich an einen alten Bauern, dem ich einst in der »Restauration Schwarzwaldhaus« auf der Höhe des Blasiwaldes begegnet bin. Er richtete meine Gedanken auf Gott, indem er mir erklärte: »An Gottes Segen ist alles gelegen.« Einige Meter weiter weist eine schön geformte Holztafel auf die Van-de-Sandt-Quelle (846 m) hin. Dort sieht man auch Ricardas Brünnle und kann sich auf einer der Bänke niederlassen.

Bänke

Sie stehen an Ricardas Brünnle,
am Wegesrand im Farbenspiel des Sommers,
ganz sonnenwarm. Der Wand'rer
läßt sich darauf nieder, sitzt
eine Minute, eine Stunde, einen Tag
lang dort. Sieht keines Menschen
Seele, ist einsam und zufrieden.

Der Blick geht auf die Schweizer Alpenkette, in das angehende Schwarzatal über Wald und Wiesen. In der nicht allzu weiten Ferne liegt Höchenschwand und rechter Hand Häusern. Ruhe überall.

Herbsttag

Herr: es ist Zeit. Der Sommer war sehr groß.
Leg deinen Schatten auf die Sonnenuhren,
und auf den Fluren laß die Winde los.

Befiehl den letzten Früchten voll zu sein;
gib ihnen noch zwei südlichere Tage,
dränge sie zur Vollendung hin und jage
die letzte Süße in den schweren Wein.

Wer jetzt kein Haus hat, baut sich keines mehr.
Wer jetzt allein ist, wird es lange bleiben,
wird wachen, lesen, lange Briefe schreiben
und wird in den Alleen hin und her
unruhig wandern, wenn die Blätter treiben.

Rainer Maria Rilke

Herbst in Brenden

Die Ernte ist eingefahren. Die Felder sind kahl, Nebel steigt aus den tiefen Tälern. Farbtupfer bilden sich in den Wäldern. Die Herbstverfärbung des Laubs beginnt. Der Schwarzwald bestand, wie erwähnt, früher aus viel mehr Laubbäumen. Mit dem »sinnvollen Wirtschaften« wurden Eiche und Buche durch die schnell wachsenden Fichten und Tannen ersetzt. Dennoch kommt es in dieser Region zu einem wahren Farbenschauspiel. Mit dem Abbau des Blattgrüns, des Chlorophylls, treten die roten (Beta-Carotine) und gelben (Xantophylle) Farbstoffe in den Blättern hervor. Dieser Vorgang bildet die Ouvertüre im Prozeß des Alterns, der sich in der Natur ständig abspielt. Die Herbstverfärbung ist sein auffälligster Ausdruck.
Bis vor kurzem hatte man das Rätsel, wie sich der Stoffwechsel in den Blättern vollzieht, nicht gelöst. Inzwischen hat man immerhin entdeckt, daß beim Abbau des Blattgrüns rosafarbene Substanzen auftreten, die zu der eigentlichen Herbstver-

Bildstock und Wegweiser zugleich am Wegesrand zur Löffel-Kapelle.

färbung aber nichts beitragen. Vieles ist noch unbekannt, wie überhaupt die biochemischen Vorgänge, angefangen beim Chlorophyll, das das Sonnenlicht einfängt und als Energie an das umhüllende Eiweiß abgibt, über die Photosynthese, die den Kohlenstoff aus dem Kohlendioxyd der Atmosphäre assimiliert, bis hin zur Bräunung der Blätter, die ein weites Forschungsfeld bieten. Sobald die Zellmembranen der Blattzellen zusammengebrochen sind, tritt ein Verbrennungsprozeß ein. Die Membranen verbrennen, werden braun. Der Winter kann beginnen.

Hommage auf Brenden

Mehrere Tage verbringe ich in dem Stückchen Wald, das ich von Unterholz, abgesägten Ästen und gefällten, schon verdorrten Bäumen gesäubert habe. Diese Gegend – der langgestreckte, beinahe ebene Bergrücken, beiderseits tief eingeschnittene Täler – überrascht durch Fauna und Flora. Das Auftauchen von Gemsen, die man trotz des Ur-Waldes nicht vermutet, ist kein seltenes Ereignis.

Diese Gemsen da draußen versuchen, ihr Leben so einzurichten, daß sie überleben und sich vermehren können. Und ich wandere mit, blicke zum Bannwald hinaus und sehe, wie sie sich zwischen Fels und Bäumen den steilen Abhang hinunterbewegen. Vermutlich bin ich ihnen gleich: Ich sorge dafür, daß es mich und nachfolgende Generationen hier geben kann.

In solchen Momenten fühle ich eine tiefe Zufriedenheit. Wie gleichen sich doch die Wesen der Natur! Auch die Gemsen sehen mich und fragen sich vielleicht, wer ich bin und was ich in der Natur tue. Ich bin ihnen ein Rätsel! Sie wenden sich von mir ab und gehen ihren Pfad.

In Gedanken versunken, wandere ich weiter. Die Wahrheit dürfte sein, daß wir alle miteinander verbunden sind und einander beobachten. Wie heißt es so schön auf der Tafel an dem Brunnen: »Ich bin ein Teil der Erde, und sie ist ein Teil von mir.«

Wo befindet sich diese reizvolle Landschaft mit dem Dorf Brenden? Sie liegt etwas abseits von Hinterzarten, Titisee, Schluchsee, Häusern und Höchenschwand. Abgesehen von den Wie-

sen und Äckern, den Wäldern, abgesehen von den drei kleinen Dörfern auf dem Brendener Bergrücken, wirkt diese Landschaft anziehend. Wer durch die tiefen Täler der Schwarza oder der Mettma in Richtung Brenden fährt, berührt zuvor Häusern oder Höchenschwand, Schluchsee oder Rothaus und zu guter Letzt Waldshut und Tiengen. Die stille Gegend rings um Brenden, die plateauförmig den Abschluß des Südschwarzwaldes bildet, ist ein Paradies für Wanderer und für Feriengäste.
Die steil abfallenden Hänge sind kleine Naturschauspiele, wie sie ansonsten im Alpenvorland zu finden sind. Schwarza und Mettma haben sich jeweils ein tiefes Tal gegraben. Das gibt der Landschaft ihr charakteristisches Gepräge.
Wer vom Schluchsee die Straße nach Schönenbach fährt, dem eröffnet sich auf dem Bergrücken eine Weite, die er nicht vermutet hätte. Von dieser Höhe genießt er den Blick auf die Alpenkette. Diese Straße könnte man auch als »Vue des Alpes« bezeichnen. Kein größerer Gegensatz ist vorstellbar als der-

Löffel-Kapelle, die in den Jahren 1858 bis 1860 erbaut wurde. Bei Zahn- oder Ohrenschmerzen suchte man die Kapelle auf. Zeugnis dafür gaben die im Innenraum hängenden Löffel. Bei Ohrenschmerzen nahm man heißes Fett und träufelte es mit einem Löffel ins Ohr. Bei Zahnweh wurde Expeller auf die Schmerzstelle geträufelt. Die Kapelle brannte am 12. April 1918 ab und wurde erst im Jahre 1978 wieder hergerichtet.

jenige zwischen dem Hochgebirge mit seinen schroffen Zacken und dem sanften Brendener Bergrücken. Die Schweizer würden sagen: Crête tendre, zärtlicher Bergrücken.
Ein besonderer Reiz dieser Gegend ist der fächelnde Wind. Mit seinem duftenden Atem streicht er über den Bergrücken, macht die Menschen fast atemhungrig. Man muß ihn erlebt haben, um zu verstehen, daß sich viele Menschen dieser Landschaft so verschrieben haben. Er bringt die würzige Luft in Bewegung. Brenden ist eines der Tore zu dem kleinen Nationalpark, der sich ringsum auftut, nicht vom Gesetzgeber, sondern von der Natur geschaffen.
In dieser Landschaft hat die eiszeitliche Vergletscherung Spuren hinterlassen: Moränen, Trogtäler, Bergseen wie glitzernde Spiegel, in denen sich die Felswände wiederfinden, und cañonartig ausgewaschene Kerbtäler, manchmal nur wenige Meter breit.
Brenden, »das schöne Unbekannte«, Ausgangspunkt für Wanderungen, vor allem für Erkundungsgänge in die grandiose Vielfalt der Natur.

Hans Müller aus Bulgenbach und der Bauernkrieg

Mit dem Aufstieg der Franken wurde der Graf zum Vorsteher eines Gaues, dem das militärische Aufgebot, die Verwaltung und das Gerichtswesen unterstanden. Lediglich in den Gebieten der Alemannen, Thüringer und Bayern setzte der König einen Herzog ein. Um das Jahr 800 verwaltete Graf Ulrich auch den Albgau, der das Gebiet zwischen Rhein, Feldberg, Wutach und Murg umfaßte. Seine Schwester Hildegard war mit Karl dem Großen vermählt.

Im Laufe der Zeit schwand die Macht der Grafen. Sie wurden zu Lehnsherren und betrachteten die Landgrafschaften als erblichen Besitz. Daneben benötigten die Könige nicht nur die Grafen, sondern auch die Kirche zur Verwaltung des Staates, und letztere benutzte die Gelegenheit, sich von der politischen Macht allmählich freizumachen.

Die sächsischen Kaiser Heinrich I. (919–936) und Otto I. (936–973) hatten sich während ihrer Herrscherzeit der Ungarn zu erwehren. Die Mönche des Klosters Rheinau flohen vor den Ungarn, brachten die Reliquien des heiligen Blasius in einem Albtal in Sicherheit und gründeten dort ein neues Kloster, dessen Herrschaftsbereich von der südlichen Halde des Feldbergs über das Herzogenhorn, den Blößling, die hohe Zinke, den Fahrenberg und über Ibach an die Alb, dann über Heppenschwand an die Schwarza bis zum Schluchsee, von dort über Ammerhalde und Hohenreute wieder zum Feldberg reichte, so daß die Gebiete von St. Blasien, Höchenschwand, Urberg, Bernau und Menzenschwand die damalige Gemarkung bildeten. St. Blasien konnte sich nicht völlig unabhängig entwickeln, sondern stand zunächst unter dem Bann des Bischofs von Basel, später gingen die Hoheitsrechte an die Zähringer und nach deren Aussterben an die Habsburger über. Als Rudolf von Habsburg die Herrschaft über St. Blasien erhalten hatte, ließ er 1245 die Stadt Waldshut zum Schutze St. Blasiens bauen, für

Bulgenbach um 1910.

den ein Aufgebot der Hauensteiner – der Hotzen – verantwortlich war. Der in Waldshut residierende Waldvogt hatte für Frieden, Sicherheit und Geleit zu sorgen und die hohe Gerichtsbarkeit auszuüben.
St. Blasien dehnte seinen Herrschaftsbereich immer weiter aus. Neben den Amtshäusern in Freiburg, Kaiserstuhl, Basel, Schaffhausen, Zürich, Villingen und Esslingen gehörte das Gebiet zwischen Schwarza und Wutach, wo das Frauenkloster Berau gegründet wurde, zu St. Blasien. Hinzu kamen Bettmaringen, Blumegg, Gutenburg und etwas später die Ämter Bonndorf, Grafenhausen und Birkendorf.
Zu Beginn des Bauernkrieges (1525) im Kreis Waldshut waren nachstehende Herrschaftsgebiete zu unterscheiden:
– Vorderösterreich mit der Stadt Waldshut und der Herrschaft Hauenstein,

– Klettgau unter der Herrschaft der Sulzer,
– Stühlingen unter der Herrschaft der Lupfener,
– das Gebiet des Bischofs von Konstanz, wozu Rötteln, Hohentengen und Lienheim gehörten, und
– St. Blasien.

Diese Vielgestaltigkeit der Herrschaftsbereiche ließ eine gemeinsame Erhebung der Bauern, die sich vor allem gegen den Fron- und Gelddruck der Grundherren und auch gegen die Rezeption des römischen Rechts wehrten, nicht zu. In Einzelaktivitäten empörten sich die Bauern, einzeln wurden sie durch das gemeinsame Vorgehen der Grundherren bekämpft.

Unruhen waren bereits seit dem 15. Jahrhundert zu verzeichnen:

1476 Aufstand des Pfeifers von Niklashausen (Franken).

1514 Aufstand des Armen Konrad (Schwaben).

1524 Beginn des Bauernkrieges in Waldshut und Stühlingen.

1525 Fächerartige Ausbreitung des Bauernkrieges bis nach Thüringen und Oberösterreich. Den Bauern fehlten einheitliche Ziele und eine Führung. Unter Berufung auf die Bibel und Luthers Schrift *Von der Freiheit eines Christenmenschen,* die Papst Leo X. gewidmet war, forderten sie die Aufhebung der Frondienste. Einzelne Reichsstädte und Ritter wie Florian Geyer und Götz von Berlichingen schlossen sich den Bauern an. Luther hoffte, durch seine Schrift *Ermahnung zum Frieden* ein baldiges Ende des Aufstandes zu erreichen. Aber er täuschte sich. Im Mai 1525 erschien seine Schrift *Wider die mörderischen und räuberischen Rotten der Bauern,* und er rief die Fürsten, Grafen und Vögte auf, die Bauern zu vernichten. Luther sah die von Gott eingesetzte Obrigkeit gefährdet. Thomas Münzer verkündete ein baldiges „Gottesreich".

Der Aufstand wurde niedergeschlagen, und die Aufwiegler wurden enthauptet, so auch Hans Müller aus Bulgenbach, der in Laufenburg durch den von Vogt Ulrich von Hapsberg bestellten Scharfrichter aus Schaffhausen hingerichtet wurde.

In Bulgenbach weist heute nur noch ein Denkmal auf das Geburtshaus von Hans Müller hin. In der Gaststube des

Bulgenbach um 1920.

Wirtshauses „Zum Hirschen" gegenüber der Herz-Jesu-Kirche in Staufen finden sich Kupferstiche vom Bauernkrieg und dem Bauernführer Hans Müller.

Die Unruhen begannen bei den Waldbauern, denn sie waren nicht in Leibeigenschaft geraten. Ursprünglich waren die Waldgebiete im Reich herrenlos, gehörten also dem König. Wer den Wald rodete, stand unter dem Schutz des Königs und war somit frei. Ganz allgemein wuchs daraus das Recht: „Waldluft macht frei." Der Waldbauer hatte das Recht, Waffen zu tragen, den Vogt zu wählen, keinen Frondienst zu leisten, den Ehebund selbst zu schließen und über das Erbe selbst zu verfügen. Ebenso war er geschützt gegen jegliche willkürliche Verhaftung. Der Leibeigene, der durch Zwang in die Gewalt eines Landesherrn gefallen war, hatte hingegen ein härteres Los zu erdulden. So fiel nach seinem Tode das beste Stück Vieh an den Leibherrn, beim Tod der Frau waren das beste Kleid und das Bett

abzugeben, er mußte Frondienste leisten und schließlich das Abzugsgeld abführen (Umgeld=Ungeld, das eine indirekte landesherrliche Abgabe bezeichnet, zusätzlich zu Steuer und Zoll). Im Herrschaftsbereich des Klosters St. Blasien hatte ein Bauer Heirats- und Sterbegeld an das Kloster zu entrichten. Eine Abgabe wird um so ungerechter empfunden, wenn andere sie nicht leisten müssen. Und das Kloster St. Blasien tat nichts, um diese Ungerechtigkeit zu beseitigen, sondern unternahm alles, um die Leistungen seitens seiner Leibeigenen zu erhöhen. Dies führte bereits 1369 zu Protesten und 1412 sogar zu Plünderungen des Klosters, nachdem die Einungsmeister die Hauensteiner dazu aufgefordert hatten.
Am 23. Juni 1524 kam es zu dem „Stühlinger Schwur". Die Bauern wollten keine ungerechte Unterdrückung mehr auf sich nehmen. Es lag ihnen fern, die Herrschaftshäuser zu plündern oder deren Besitzer zu erschlagen. Vielmehr wollten sie genau erfahren, zu welchen Leistungen sie durch die Kaiser und Könige verpflichtet waren. Entsprechende Urkunden sollten vorgelegt werden. Als Sigmund, Graf zu Lupfen, Landgraf zu Stühlingen, Herr zu Landsberg, Vogt zu Thann, vom Aufruhr seiner Leute hörte, erklärte er sich in einem Schreiben bereit, ihre Klagen anzuhören. Damit die Bauern ihre Beschwerden außerdem dem Reichskammergericht in Esslingen vorlegen konnten, faßten sie diese in 62 Artikeln zusammen. So z. B.: Bisher hatte gegolten, daß sich die Bauern in einem Krieg zur Wehr setzen und ihr Land verteidigen sollten. Jetzt aber wurden sie aufgefordert, ausländischen Herren zu dienen. Oder: Wenn jetzt ein Vater seinem Sohne oder seiner Tochter das Erbteil auszahlte und wenn diese unverheiratet starben, so fiel das Erbe nicht etwa an die nächsten Verwandten, seien es Vater, Mutter, Bruder oder Schwester, nein, wider alles Gesetz zog der Graf das ganze hinterlassene Gut ein. Und er nannte es das Hagestolzenrecht. Damit die Bauern nun nicht weiter als geborene Knechte behandelt würden, schlossen sie sich zusammen, riefen auch in der Gegend St. Blasiens ein Fähnlein auf (150 bis 500 Mann stark; jedes Fähnlein hatte einen Hauptmann, einen Fähnrich, zwei Waibel und einen Schreiber) und wählten Hans Müller aus Bulgenbach zum Hauptmann dieses Fähnleins. Der

Bulgenbacher, stattlich, groß, redegewandt, hatte in Frankreich Dienste als Landsknecht getan und kannte das Kriegshandwerk. Er konnte überzeugen und die Bauern für die gemeinsame Sache gewinnen. Das Fähnlein wählte für das Banner die Farben Weiß und Rot und als Aufschrift in schwarzen Buchstaben: „Alt-Österreich", denn die Grafschaft stand unter dem Schutz Österreichs. Die Bauern erwarteten Hilfe. Doch Ferdinand aus dem Hause Habsburg ließ sich von seinen Grundherren überzeugen, daß der Aufruhr keinerlei begründete Ursache habe, sondern nur durch die lutherische Reformation angefacht sei. Dieser Vorwand genügte dem Hause Habsburg, nun alle Kräfte zu konzentrieren, um den Aufstand der Bauern niederzuschlagen. Am 14. Juli 1524 versammelten sich 60 Grafen, Vögte und Grundherren, um dem Grafen Sigmund zu Lupfen beizustehen. Es kam zu mehreren Verhandlungen, die zwar jeweils neue Abschiede (Beschlüsse) hervorbrachten, welche aber von den Bauern abgelehnt wurden, da der Spruch des Gerichtes zu parteiisch sei. Den Bauern wurde hierauf in einem letzten Abschied auferlegt, den Wildbann und das Fischwasser zu achten. Sie könnten aber Wildschweine, Wölfe und Bären auf ihren Äckern erlegen, wenn sie die Köpfe und die Bärentatzen in das Schloß brächten, auch dürften sie Hochwild jagen. Dafür sollte jeder Stühlinger Bauer dem Grafen drei Tage bei der Ernte fronen. Die Bauern aber gaben auch jetzt nicht nach.
Ende Juli zog Hans Müller mit seinem Fähnlein für drei Tage nach Waldshut. Der Hauptmann sorgte für Ordnung. Es kam zu keinen Übertretungen in seinem Fähnlein mit einer Stärke von etwa 600 Mann.
Am 24. August 1524 rief Erzherzog Ferdinand seine Krieger auf, sich zu rüsten. Der 24. August war zugleich der Tag, an dem die Stadt Waldshut ihren Chilbi-Festtag beging. Etwa 1200 Bauern pflegten sich an diesem Tage einzufinden. Alljährlich am dritten Sonntag im August feiern die Waldshuter zur Erinnerung an die vergebliche Belagerung der Stadt durch die Eidgenossen im Jahre 1468 ihre Chilbi. Als der Graf zu Lupfen im Schloß Tiengen von dieser Zahl hörte, glaubte er an keine Verhandlungen mehr. In dieser Phase bot sich die Stadt Schaffhausen, die

durch ihr Kloster Allerheiligen überall Besitz hatte, als Vermittler an. Neue Verhandlungen begannen am 7. September. Für die Bauern verhandelten u. a. Hans Strutt für Grafenhausen, Kaspar Keller für Ewattingen, Hans von Schönenbach für Schönenbach und Staufen, Melchior Geyer für Berau, Hans Stigeler für Mettenberg und Buggenried. Der Vergleich wäre zustande gekommen, wenn den Bauern nicht eine Demütigung gedroht hätte. Danach sollten sie vor dem Statthalter Graf Rudolf von Sulz und vor ihrem Landgrafen Sigmund auf die Knie fallen und Buße tun. Als die Abgeordneten der Bauern zu ihrem Haufen von etwa 2000 Mann nach Bonndorf zurückkamen und diesen den Inhalt der Urkunde darlegten, kam es zu allgemeiner Aufruhr. Niemals würde man sich solchen Bedingungen unterwerfen. Nachdem man vergebens das Fürstenberger Schloß Donaueschingen belagert hatte, zog man sich nach Ewattingen zurück, und zwar deshalb, weil die Bauern gehört hatten, daß ein größerer österreichischer Haufen im Anmarsch war. In dieser Situation kam es den Bauern sehr gelegen, daß die Überlinger und der Bischof von Konstanz vermitteln ließen. Das Ergebnis war der Ewattinger Anlaß (Waffenstillstand). Danach sollten zwölf unparteiische Männer – vier von Überlingen, je zwei von Rheinfelden, Villingen und vom Schwarzwald, je einer von Säckingen und Laufenburg – einen gültigen Spruch tun. Hans Müller ritt selbst mit sechs Bauern in die genannten Städte und in den Schwarzwald, um die Spruchleute auszusuchen. Am 28. Dezember 1524 starb Graf Sigmund, und seine Erben, die Grafen von Fürstenberg und die Herren von Schellenberg, schlossen einen neuen Anlaß, der bis zur Tagung des Kaiserlichen Kammergerichtes in Esslingen andauerte. Dem Entscheid des Gerichts gemäß unterwarfen sich die Bauern am 12. Juli 1525 zunächst von neuem dem Landgrafen und Erzherzog Ferdinand. Die Strafbestimmungen waren hart: Sechs Gulden mußten von jedem Haus aufgebracht werden, das war kaum durchführbar. Die Bauern waren arm, jetzt wurden sie noch mehr in die Unzufriedenheit hineingetrieben.
Daß die Stühlinger Bauern sich erhoben und es damit zu einem Bauernaufstand kam, ist auf die Begegnung von Hans Müller aus Bulgenbach mit dem Waldshuter Pfarrer Dr. Balthasar

Hubmaier zurückzuführen. Hierzu schreibt E. Müller (S. 41 f.): „Hans Müller, der kriegserfahrene Landsknecht, versteht es, den Bauernhaufen zu organisieren und in strenger Zucht zu halten. Er ist draußen gewesen in der Welt, in Frankreich, in Preußen, ist hinausgetreten aus dem engen Gesichtskreis des heimischen Tales [...]. Seiner Rednergabe gelingt es, den Bauern [...] einzureden, daß sie nichts erreichen können, wenn sie einzeln vorgehen [...]. Es wäre sinnlos, wollte sich der Stühlinger gegen Lupfen, der Klettgauer gegen Sulz, der Wälder gegen den Abt von St. Blasien ermpören. Jeder Bauer [...] muß sich erheben

Sein Plan ist es, ein Bündnis zu schließen mit der bedrängten Stadt Waldshut, die zwar nicht zur Befreiung von unmäßigen Lasten, sondern für die Freiheit der evangelischen Lehre kämpft [...]. Und Hans Müller veranlaßt den Waldshuter Pfarrer, daß er ihr Wollen mit der Heiligen Schrift begründet und ihre Artikel erweitert und für jedermann klar und einsichtig faßt, damit sie diese in die Welt hinausschickten und alle zum Anschluß an die gute Sache bewögen."

Als die Stühlinger Bauern nach dem Anlaß zu Ewattingen heimkehrten, war Hans Müller noch nicht entmutigt. Er schloß sich Oswald Meder an, der im Brigachtal einen neuen Haufen zusammengestellt hatte. Beide zogen von Dorf zu Dorf, um für die Sache der Bauern zu werben. Nicht in allen Dörfern fanden sie Beifall. Deshalb hatte ihr Haufen lediglich eine Stärke von 200 Mann, als er sich am 14. Dezember 1525 im Pfaffental bei Donaueschingen den Hüfingern und Villingern gegenübersah. Da den Bauern das Kriegshandwerk nicht lag und sie schnell die Gefahr der Niederlage erkannten, flohen sie im Dunkel der Nacht.

Hans Müller erhielt nun von Erzherzog Ferdinand eine Vorladung, der er aber nicht Folge leistete. Daraufhin setzten die Grafen zu Lupfen auf Geheiß des Erzherzogs ihren Diener Stefan Wierdale auf Hans Müller an, weil dieser ebenfalls jeden Weg und Steg im Hegau und Schwarzwald kannte. Hans Müller suchte wieder den Pfarrer Hubmaier in Waldshut auf. Dieser tröstete ihn damit, daß Gott den Bauern helfen werde, wenn sie zum göttlichen Recht und zum Evangelium stehen

Denkmal in Bulgenbach mit Wappen (linkes Feld: Hirsch – St. Blasien, rechtes Feld: Bundschuh – Symbol des Bauernaufstandes) und Inschrift: »Hier stand nach der Überlieferung das Wohnhaus des Bauernhauptmanns Hans Müller von Bulgenbach.«

würden. Weil die Bauern nur zusammen etwas ausrichten könnten, sollten sie sich in der „evangelischen Bruderschaft" zusammenfinden. Daraufhin bat Hans Müller um einen Artikelbrief, den er in allen Dörfern verlesen wollte, damit kein Bauer abseits blieb. Mit diesem Manifest, das dem Adel die Herrschaftsgewalt entzog und die Verfügungsgewalt der „evangelischen Bruderschaft" zubilligte, zog Hans Müller von Dorf zu Dorf, von Hof zu Hof. Mit einem roten Mantel bekleidet, ein rotes Barett mit Federn auf dem Kopf, las er, auf einem Zierwagen mit der schwarz-gold-roten Fahne stehend, aus dem Manifest vor, forderte jeden Bauern zum Eintritt in die Bruderschaft auf und drohte mit dem weltlichen Bann. Einem solchen Manifest konnten die Bauern nicht widerstehen, sie liefen Hans Müller scharenweise zu trotz eines Freibriefes, den der Erzherzog am 4. März 1526 erließ. Der ganze südliche Schwarzwald mit der Baar, dem Hegau und dem Klettgau, ausgenommen die Städte Villingen und Radolfzell, stand Hans Müller bei. Selbst Herzog Ulrich von Württemberg, der zunächst auf seine Feste Hohentwiel geflohen war, trat in die „evangelische Bruderschaft" ein. Nun begann der Siegeszug der Bauern im Hegau bis in den Breisgau. Selbst die Stadt Freiburg mußte sich ihnen nach drei Tagen Belagerung ergeben. Damit war der eigentliche Höhepunkt in der Laufbahn des Hans Müller erreicht. Die Schwarzwälder und Hegauer zogen gemeinsam nach Radolfzell, wo etwa 10000 Bauern lagerten. Doch von fern rückten jetzt 8000 Landsknechte unter Mark Sittich von Ems heran. In der Zwischenzeit erlitten die Bauern anderenorts eine Niederlage nach der anderen. Was konnten sie gegen die kriegsgewohnten Knechte schon ausrichten?

Hans Müller setzte schließlich auf die Eidgenossen als Verbündete. Die Freiburger hatten ihn während der Belagerung von Radolfzell im Stich gelassen, obwohl sie sich verpflichtet hatten, Landsknechte und Pulver gegen Bezahlung zur Verfügung zu stellen. Statt dessen hatten sie Vermittler geschickt. Am 29. Juni 1526 verfaßten Hans Müller, Ulrich Albrecht und andere Bauernführer einen Bittbrief an die Eidgenossen. Doch deren Hilfe blieb aus, weil sie selbst nicht in den Krieg hineingezogen werden wollten. Lediglich Zürich versuchte noch zu vermitteln.

Die Abgeordneten, die in Radolfzell vorsprachen, konnten nichts mehr für die Bauern tun. Diese sollten jetzt für ihre Auflehnung bestraft werden. Nicht umsonst war Mark Sittich von Ems hierhergekommen. Der Kampf begann. Er artete zu einem Gemetzel aus. Die Bauern flohen, sammelten sich aber am nächsten Tag noch einmal auf dem Lachensteig. Ohne Gewehre und Kugeln leisteten sie Widerstand, der jedoch zusammenbrach. Mehr als 24 Dörfer wurden im Hegau niedergebrannt. Was für eine Unterdrückung mußten die Bauern erduldet haben, daß sie sich so nachdrücklich zur Wehr setzten!
Hans Müller fand Zuflucht auf der Feste Hohentwiel. Als er sich den Klettgauern anschließen wollte, wurde er von den Schaffhausern gefangengenommen, verhört und bald wieder freigelassen.
Er begab sich nach Schopfheim, um sich mit den Markgräflern und Breisgauern zu beraten. Immer noch setzte er auf einen Sieg der Klettgauer und auf Hilfeleistung der Eidgenossen. Zu den Klettgauern machte er sich in Begleitung von zwei Waldshutern auf den Weg. Unterwegs wurde er vom Vogt Ulrich von Hapsberg, der in Laufenburg Statthalter war, aufgegriffen, gefangengesetzt und gefoltert. Nach 40 Tagen Kerker wurde er am 12. August 1526 von einem Scharfrichter aus Schaffhausen, um den der Vogt die Schaffhauser gebeten hatte, enthauptet.

Die Dorfkapelle in Bulgenbach

Die Politik der katholischen Kirche (Bemühungen des Vatikans um Konkordatsabschlüsse, Unfehlbarkeitsdogma 1870, aufgrund dessen es zur Abspaltung der altkatholischen Kirche kam) hatte Bismarck bis zur Reichsgründung 1871 eher zurückhaltend begleitet. Nach der Reichsgründung sorgte er sich um die preußisch-deutsche Staatsidee, die er durch den politischen Katholizismus gefährdet sah. Aus diesem Grunde begannen er und der preußische Kultusminister Falk den Kulturkampf (1871–1887), der auch auf Bayern, Baden und Hessen übergriff. Die Gegensätze zwischen Bismarck mit seiner Staatsidee und Kirchenauffassung und den katholischen Kräften wie dem Zentrum traten bereits auf dem ersten Reichstag am 21. März 1871 offen zutage. Auf Antrag Bayerns wurde am 10. Dezember 1871 der Kanzelparagraph in das Strafgesetzbuch eingefügt, der den Geistlichen verbot, politische Themen von der Kanzel aus zu behandeln. Ebenso wurde erreicht, daß die geistliche Schulaufsicht am 11. März 1872 durch eine staatliche ersetzt wurde. All diese Maßnahmen sollten freilich keinen Bruch mit Rom herbeiführen. Als aber Bismarcks Vorschlag, den Bruder des ehemaligen bayerischen Ministerpräsidenten Hohenlohe zum deutschen Botschafter beim Heiligen Stuhl zu ernennen, von Pius IX. abgelehnt wurde, verbündete er sich mit den Liberalen. Dieser Koalition trat Freiherr von Loë mit der Gründung des „Vereins deutscher Katholiken" am 22. März 1872 entgegen. Bismarck wiederum wurde von Heinrich von Sybel mit dem „Deutschen Verein" unterstützt. Das am 4. Juli 1872 erlassene Jesuitengesetz verbot das Wirken der Jesuiten und anderer Kongregationen. Der Kulturkampf spitzte sich durch die preußischen Maigesetze vom 11. bis 14. Mai 1873 zu, wonach u. a. alle kirchlichen Seminare unter Staatsaufsicht gestellt, die Anzeigepflicht kirchlicher Behörden bei Anstellungen eingeführt und Bestimmungen über den Kirchenaustritt erlassen wurden. Die katholische Geistlichkeit reagierte mit Empörung und passivem Widerstand, der wiederum preußische Strafmaßnahmen zur Folge hatte. Als Folge der Maigesetze waren 1876 alle preußischen Bischöfe verhaftet worden oder ins Ausland geflüchtet. In Baden wurde Heinrich Hansjakob (1837–1916), Pfarrer und Zentrumsabgeordneter, im Jahre 1873 erneut ins Gefängnis geworfen. Die von Preußen durchgesetzten Bestimmungen brachen jedoch den Widerstand der Geistlichkeit und des Volkes nicht. Auch die evangelische Kirche war verunsichert. Am 8. Mai 1874 folgte das Expatriierungsgesetz, wonach Geistliche auf einen bestimmten Aufenthaltsort beschränkt oder außer Landes gewiesen werden konnten. Am 5. Februar 1875 verurteilte Pius IX. in der Enzyklika »Quod numquam« die Kulturkampfgesetze und erklärte diese für nichtig. Als Antwort erließ die preußische Regierung am 22. April 1875 das sogenannte Sperr- oder Brotkorbgesetz, das alle staatlichen Zuwendungen an die Kirche sperrte, bis sich die Geistlichen den Gesetzen unterworfen hätten. Das Klostergesetz vom 31. März 1875 verfügte die Aufhebung aller Orden, ausgenommen die Krankenpflegeorden, und die Beschlagnahmung ihrer Vermögen. Gesetze über die Vermögensverwaltung in den katholischen Kirchengemeinden (20. Juni 1875) und über die Rechte der altkatholischen Kirchengemeinden am kirchlichen Vermögen (4. Juli 1875) sowie über die Aufsichtsrechte des Staates bei der Vermögensverwaltung in den katholischen Diözesen (7. Juni 1876) waren die letzten Eingriffe der preußischen Regierung. Danach kam es durch Angebote Bismarcks an Leo XIII. zu einem Abbau des Kulturkampfes und am 21. Mai 1886 zum 1. Friedensgesetz, dem 1887 das 2. Friedensgesetz folgte. Bis 1891 waren fast alle Kulturkampfgesetze bis auf die staatliche Schulaufsicht wieder aufgehoben. Der Kanzelparagraph blieb bis 1953, das Jesuitengesetz bis 1917 und die Zivilehe bis 1913 bestehen. Der Kulturkampf schadete dem neuen deutschen Reich, da er das Zusammenleben weiter Bevölkerungskreise erschwerte.

Im Zusammenhang mit dem Gesetz über die Rechte der altkatholischen Kirchengemeinden am kirchlichen Vermögen wurde die Bulgenbacher Dorfkapelle im Jahre 1875 als Notkirche für

die Katholiken errichtet, die nicht zu den Altkatholiken übergetreten waren. In Brenden waren es mehr als die Hälfte der Einwohner, die sich der neuen Richtung der Altkatholiken angeschlossen hatten. Die katholische Gemeinde konnte die Pfarrkirche und das Pfarrhaus noch bis zum 2. Mai 1875 benutzen. Von diesem Zeitpunkt an bis Mai 1878 wohnte der altkatholische Geistliche im Pfarrhaus, und die Kirche diente seiner Gemeinde. Während der katholische Pfarrer Aufnahme im Pfarrhaus Grafenhausen fand, waren die Katholiken gezwungen, die heilige Messe in der Kapelle in Buggenried zu feiern. Durch Stiftungen der Familien Johann Baptist Morath und Peter Bernauer sowie durch Spenden der Gemeinde konnte dann in Bulgenbach die Kapelle errichtet werden, die am 30. November 1875 eingeweiht wurde und bis November 1879 als Notkirche diente.
Vom 27. Januar 1879 an durfte in einem Zimmer des Pfarrhauses in Brenden eine heilige Messe an einem Werktag gelesen werden. Ab November 1879 war dies auch wieder an Sonn- und Feiertagen gestattet. Die Kapelle in Bulgenbach wurde ab April 1880 nicht mehr als Kirche benutzt, so daß sie über die Jahre hinweg immer mehr verfiel.
In den Jahren 1963 bis 1987 wurde sie in mehreren Zeitabschnitten restauriert und am 9. August 1987 feierlich eingeweiht. Das Deckengemälde von Paul Przybilski aus Tiengen weist auf den Ursprung der Kirche hin, die als Notkirche gedient hat: „Du bist Petrus. Auf diesen Felsen will ich meine Kirche bauen."

Schluchsee

Schluchsee am Abend

Wenn ein schöner Tag verblüht
und im See die Sonne glüht,
tausend Farben schenkt die Stunde,
und der dunklen Wälder Runde
macht das Herze mir so weit und voller Seligkeit.

Hinterm Feldberg wird es fahl,
und es dunkelt schon im Tal,
übers Wasser huscht ein Schimmer,
und der Eule leis' Gewimmer
zeigt uns an des tiefen Waldes stille Nacht.

In der leisen Wellen Tanz
spiegelt sich der Lichterglanz,
in des weiten Himmels Ferne
grüßt uns stumm die Welt der Sterne,
und ergriffen ahnen wir die Ewigkeit.

Kurt Hetzel

Schluchsee im Wandel der Jahrhunderte

Die Gemeinde Schluchsee liegt in einer Höhe von 700 bis 1300 Meter ü. d. M. Zu ihr gehören die Ortschaften Schluchsee mit Krummen (Viehgatter), Aeule, Aha (Quelle, Wasser), Dresselbach (Dreher- oder Drechslerbach) und Unterfischbach, Fischbach mit Schwende und Hinterhäuser, Faulenfürst (Fulenvirst=unfruchtbare Höhe) mit Seebrugg und schließlich Schönenbach mit Schwarzhalden sowie Blasiwald.

Das Bild aus dem Jahre 1836 zeigt eine Mühle und die Lohstampfe der Gerberei Steinert, die um die Jahrhundertwende zu einer Wursterei umgebaut wurde. Da Schluchsee damals eine eigene Ziegenherde besaß, findet sich diese vorne im Bild – Hirten waren häufig Frauen.

Wie alle Seen im Schwarzwald ist der Schluchsee in einem ehemaligen Gletscherbecken der letzten Eiszeit entstanden. Eine Endmoräne bei Seebrugg ließ ein schlauchartiges Gewässer (urkundlich 1329 und 1352 als Schluochsee erwähnt, alem. Sclohse) von drei Kilometer Länge und einer Breite von 300 bis 900 Meter entstehen. In den Schluchsee fließen der Dressel-, der Fisch-, der Aha- und der Krummenbach.
Der ehemalige Abfluß des Schluchsees erfolgte in der Würmeiszeit durch die Mettma. Dann erodierte die Schwarza rückwärts bis zum heutigen Standort der Sperrmauer und schaffte sich dadurch einen Abfluß. Während der Schneeschmelze kam es häufig zu Überschwemmungen der Straße Seebrugg–Häusern, so daß die badische Straßenbauverwaltung durch Sprengung von Felsen die Ausmündung des Schluchsees verbreiterte und damit eine Absenkung des Wasserspiegels bewirkte.

Blick auf Schluchsee.

Der Bau des Schluchseewerkes in den Jahren 1929 bis 1932 auf der Gemarkung Blasiwald (sant Blesis wald, ein zum Kloster St. Blasien gehörendes Waldgebiet) war ein gewaltiges Unterfangen, da nicht nur ein Teil des Berges »Seehalde« am Südwestufer durch Sprengung abgebaut, sondern auch Ab- und Zuflußstollen zum Kraftwerk Schwarzabruck durch das Felsgestein getrieben werden mußten. Der 63,5 Meter hohe und 250 Meter lange Staudamm staut den Schluchsee um 30 Meter zu einer Breite von 1,5 und zu einer Länge von 7,5 Kilometer auf. Bei Vollstau erreicht der See eine Tiefe von 63 Meter und überdeckt dann die Fläche von 513,3 Hektar. Außer den genannten Zuflüssen wird der Schluchsee durch einen Hangkanal vom Windgfällweiher gefüllt. Vom Einlaufbauwerk des Schluchsees an der Seehalde führt ein 6 Kilometer langer Druckstollen zum Kraftwerk Häusern.

Der geologische Untergrund besteht aus grobkörnigem Schluchsee-Granit. Auch andere Granite, wie den rötlichen, mittelkörnigen Bärhalde-Granit, den verwitterten Steina-Granit in Faulenfürst, den grauen, mittelkörnigen St.-Blasien-Granit in

St. Nikolaus.

Palmsonntag.

Schönenbach und schließlich den rötlichen, feinkörnigen Granit in Fischbach, trifft man an.
Der Ursprung des Ortes Schluchsee verliert sich in einer Sage, die aus dem 8. Jahrhundert stammt. Ein Einsiedler fand eines Tages im Winter eine Höhle mit Skelett und Krummstab. Damit die Gebeine feierlich beerdigt werden konnten, suchte er einen Priester. Unterwegs begegnete ihm im Schneesturm eine Gestalt, die sich als Priester ausgab. Die Beisetzung fand in der Nähe der Einsiedlerzelle statt, den Krummstab hängte der

Priester in der Zelle auf. Während der Einsiedler für den Priester ein einfaches Essen zubereitete, verschwand dieser. Der Einsiedler glaubte, es sei der heilige Nikolaus selbst gewesen. So wurde Nikolaus der Schutzpatron der Kirche in Schluchsee, die heute in Form eines Neubaus von 1980 fortbesteht. Lediglich der Turm mit der Zwiebelspitze stammt noch aus dem 13. Jahrhundert.
In einer Schenkungsurkunde um 1076 erhielt das Kloster St. Blasien das »praedium slocse« (Gut Schluchsee), das mit seinem weiten Besitztum dem Kloster bis zu dessen Säkularisation im Jahre 1806 gehörte. Im Namen des Herzogs Rudolf von Schwaben – seit 1057 Herzog von Schwaben –, der nach dem Canossa-Gang Heinrichs IV. (25.–28.1.1077) von den Fürsten zum Gegenkönig (Investiturstreit) gewählt worden war, haben die Adligen Tuto von Wagenhausen und der Schirmvogt Hecilo von Reichenau die Urkunde unterschrieben. Die Entstehung des Dorfes Schluchsee dürfte um 1080 zu datieren sein, da 1095 urkundlich eine Kapelle am Schluchsee erwähnt wird. Der See wiederum wird bereits im Jahr 983 als »lacus slouchse« bezeichnet.

Die Kurgäste werden mit Leiterwagen abgeholt.

Tracht mit Spitzkappe.

Das Gut Schluchsee wie auch das wehrlose Kloster St. Blasien suchten Schutz unter einer Schirmherrschaft. Zunächst war der Bischof von Basel Schirmherr (1025–1125), diesem folgte das Haus Zähringen (bis 1218). Mit dem Grafen von Habsburg kam St. Blasien unter die Schutzherrschaft des Hauses Habsburg-Österreich (1254–1806).
Neben der politischen Vogtei gab es die niederen Vogteien, denen die Gerichtsbarkeit oblag. Hier wiederum sind die Vögte zu unterscheiden, die über »Blut und Frevel« (hohe Gerichts-

barkeit – für Schluchsee die Herren von Blumenegg [1318–1488], die Herren von Fürstenberg [1489–1659] und danach die Reichsvogtei Schluchsee unter dem Kloster St. Blasien [1659–1806]) zu richten hatten, und solche, die über »Eigen, Erb, Zins und Schulden« (niedere Gerichtsbarkeit – Vögte des Grundherren, des Abtes von St. Blasien) zu befinden hatten. So kam es häufig vor, daß in einer Vogtei zwei Vögte residierten. Kompetenzstreitigkeiten blieben daher nicht aus.
Mit einer Badestube am Schluchsee um 1562 begann der Streit um die Weinsteuer, die 1450 eingeführt worden war, zwischen den Bewohnern Schluchsees und dem Hause Fürstenberg. Die Besucher des Bades brauchten kein »Umgeld« zu bezahlen. Daher kamen viele aus der Umgebung, um zu baden und den billigen, steuerfreien Wein zu schlürfen. Der Streit endete am 9. September 1562 mit der Schließung des Bades. Es wurde aber 1603 neu eröffnet. Man einigte sich damals auf zwei Pfennige Steuer für ein Maß Wein, je einen Pfennig für den Grafen zu Fürstenberg und den Abt von St. Blasien.

Trachtengruppe (Frauen mit Schwarzwälder Hut, Spitzkappe und Myrthenkranz).

Auf der Gemarkung Schluchsee entstand 1716 eine neue Glashütte und damit die Ortschaft Aeule, nachdem wegen Holzmangels die Glashütten im Blasiwald und später auch am Windberg bei St. Blasien aufgegeben worden waren. Voraussetzung für die Errichtung einer neuen Glashütte war gewesen, daß das alte Hüttengelände mit den Wohnbauten, Feldern und Wiesen den nachfolgenden Bauern in einwandfreiem Zustand übergeben wurde. So sind die Ortsteile von Blasiwald, Muchenland (1597) und Althütte (1622), entstanden.
Um 1750 wurden die alten Holzrechte, nach denen die Bauern Holz für ihren eigenen Bedarf unentgeltlich schlagen durften, durch eine vom Fürstabt Martin Gerbert (1764–1793) verfaßte Forstordnung stark beschnitten. Es kam zu einem Streit zwischen der Vogtei Schluchsee und dem Kloster St. Blasien. Mit der Aufhebung des Klosters am 10. Oktober 1806 wurde Schluchsee der staatlichen Verwaltung des großherzoglichen Bezirksamts St. Blasien unterstellt. In Schluchsee gab es nun das Amt des Bürgermeisters. Der Streit um den Wald setzte sich fort bis in das Jahr 1834. Die ehemals im Besitz des Klosters

Uhren-, Steingut- und Glasträger.

Hans Thoma: *Die Kapelle.*

St. Blasien befindlichen Wälder wurden ungleichmäßig in Domänen- und Gemeindeforst aufgeteilt.
Der Fremdenverkehr nahm deutlich erst ab 1860 zu, obwohl die älteste Gastwirtschaft »Schiff« schon unter Michael Gleiser, der als Wirt eine überragende Persönlichkeit war, in weitem Umkreis einen guten Namen hatte.
Mit der Eröffnung der Dreiseenbahn von Titisee über den Windgfällweiher den Schluchsee entlang (Bahnhöfe Aha und Schluchsee) bis nach Seebrugg am 1. Dezember 1926 konnte das Schluchsee-Gebiet für den Fremdenverkehr erschlossen werden. Der Fremdenverkehr ist seit dem Bestehen der Eisen-

bahnlinie im Zusammenhang mit dem Schluchseewerk nicht mehr wegzudenken. Das mobile Zeitalter hat diese Entwicklung noch unterstützt. Seit dem 27. September 1974 ist Schluchsee ein heilklimatischer Kurort.
Das Dreiseengebiet Titisee–Windgfällweiher–Schluchsee zählt zu den beliebtesten Ausflugs- und Urlaubszielen. Der Schluchsee besitzt heute die Ufer eines Natursees. Bunte Blumen wie Lupinen, Akelei und Fingerhut spiegeln sich im Wasser. Bäume und Sträucher lassen ihre Äste und Zweige weit über den Uferrand hinaushängen. Im Wechsel der Jahreszeiten erlebt man wundervolle Naturstimmungen. Der Schluchsee kann unter blauem Sommerhimmel in hellen Pastellfarben erscheinen wie der Lago di Como oder schwarzdunkel wie ein See in Schottland, wenn Wolken tief über den See hinwegziehen. Wenn im Herbst in der Rheinebene und in den tieferen Tälern der Nebel alles verhüllt und die erste Kälte aufzieht, dann lächelt der Schluchsee in bunten Herbstfarben, und kein Windhauch kräuselt die Wasseroberfläche und bewegt die klare Luft.

Restauration Schwarzwaldhaus in Blasiwald-Althütte um 1919. In der Nähe befindet sich die St.-Pantaleons-Kapelle, die lange Zeit der Bevölkerung als Wallfahrtskirche diente.

Schule um 1910. Die Hirtenschule war in den ländlichen Bezirken des Hochschwarzwaldes beheimatet. Sie dauerte in der Regel von 12 bis 16 Uhr, so daß die Hütekinder das Vieh nach der Schule weiden lassen und am anderen Morgen zurückbringen konnten. Im Jahre 1948 zählte man in Schluchsee noch 24 Hirten. Der Schulunterricht wurde wechselweise in den Häusern abgehalten. Für Aha heißt es: »Die Abwechslung, die Schule alle 14 Tage in einen anderen großen Bauernhof zu verlegen, wurde den Bürgern gestattet, weil diese einmal den Lehrer beköstigen, zum anderen die Kinder, da diese nicht nach Hause gehen konnten, weil die Höfe weit zerstreut lagen.«

Und im Winter könnte die tief verschneite Landschaft an Nordamerika erinnern, wenn es nicht die vielen Tupfen der Besiedlung gäbe.

Die Gemeinde Schluchsee wurde am 1. April 1924 dem Landkreis Neustadt zugeteilt und gehört heute als Gemeinde dem Landkreis Breisgau-Hochschwarzwald an.

In fast 1000 Meter Höhe liegt der Blasiwald, dessen Name seit 1620 gebräuchlich ist, in einer Hochtalmulde. Bis zum Jahre 1969 bestand die Gemeinde Blasiwald aus den Ortsteilen Althütte, Draiberg, Loch, Sommerseite, Muchenland, Straß, Winterseite und Wüstengraben, die bis 1806 zum »Zwing und Bann« von St. Blasien – Österreich beanspruchte als Landesherr die Steuer – gehörten, sowie dem Ortsteil Eisenbreche, der zuvor der reichsunmittelbaren Vogtei Schluchsee unterstand, bis auch diese ab 1659 ebenfalls zu St. Blasien kam. Heute findet man noch Grenzsteine mit den Zeichen »ÖZuB« (österreichischer Zwing und Bann) und »RVSch« (Reichsvogtei Schluchsee) mit der Jahreszahl 1781. Ab 1. Januar 1885 wurden Blasiwald und Eisenbreche zur Gemeinde Blasiwald zusammengefaßt.
Die einzelnen Ortsteile liegen weit verstreut. Eine Straße zweigt von der Bundesstraße Seebrugg–Häusern bei der Lochmühle ab und führt über die Eisenbreche hinauf; sie teilt sich wiederum

»Hinterwälder« an einem Baumtrog (Viehtränke).

Bei der Heuernte.

unterhalb des Gasthofes »Zur Krone«, wobei eine Straße dem Habsmoosbach folgt und bis nach Muchenland verläuft, die andere an der Kirche vorbei bis nach Althütte. Die 1956 bis 1958 erbaute Kirche steht auf einer Höhe von 1021 Meter. Sockel und Portal sind aus Schluchseegranit, während der Altar aus Albtalgranit besteht. Die Bewohner waren kirchlich bis 1956 St. Blasien zugeordnet.

Ein alter Weg führt von St. Blasien über das Wittemle und Pfaffenbrünnle die Blasiwälder Winterseite entlang über Eisenbreche zum Schluchsee. Diesen Waldweg mußten die Mönche einschlagen, um den sonntäglichen Gottesdienst in der Nikolauskapelle in Schluchsee zu verrichten. Eine Fahrstraße von Dresselbach nach Seebrugg und durch den Blasiwald gab es erst ab 1780.

In der Mitte des 16. Jahrhunderts wurden erstmals auf Veranlassung von St. Blasien Viehhöfe (Heuberg, Habsmoos, Windberg) eingerichtet. Die eigentliche Besiedlung begann im 17. Jahrhundert mit der Ansiedlung der ersten Glashütte am oberen Neuhauserbächle in Muchenland (1597–1622), die

Strohdecker.

sogar Glasmacher aus Tirol anzog. Es durfte jedoch jeweils nur eine Glashütte im Blasiwald betrieben werden, so daß die erste Glashütte noch zweimal verlegt wurde, und zwar zum Schmalzberg in Althütte (1622–1684) und dann zum oberen Windbergbächle (1684–1716) beim Wittemle (Hüttenhof). Danach wurde ein neuer Standort in Aeule (1716–1878) gefunden.

Die Glaser hatten vertraglich den Martinszehnten und das Umgeld (Maßpfennig) für den Weinausschank auf ihrer Hütte zu zahlen. Der Bestandszins betrug jährlich 50 Schillinge. Darüber hinaus mußten alle neu beschäftigten Glaser an allen Sonn- und Feiertagen die Kirche in St. Blasien aufsuchen und dem Abt ein Gelübde leisten. In den neuen Verträgen, die der Abt mit den Glasmachern schloß, kam die Lieferung von Gläsern, Kelchen und Glasscheiben hinzu. Die Häuser, die die Glasmacher bewohnten, durften nach Ablauf der Pachtzeit nicht abgerissen werden.

Althütte ist mit 1088 Meter der höchste Ortsteil der Gemeinde Blasiwald. Der Hof steht an der Stelle der ersten Glashütte. Die Pantaleonskapelle, die im Jahre 1868 vergrößert wurde, ist im 19. Jahrhundert eine Wallfahrtsstätte gewesen.

Tännlesetzerinnen beim Aufforsten.

Bei der Kartoffelernte.

Ausbesserungsarbeiten im Stall.

Schindelmacher.

In einer Seitenrinne des Schluchseegletschers westlich der Seehalde befindet sich die Ansiedlung Eisenbreche, die bis in das 14. Jahrhundert (1328 Isenbrech, 1422 Ysenbrechen) zurückgeht. Der Name Eisenbreche dürfte mit dem steilen Anstieg zum Blasiwald zusammenhängen, wo so manches Speichenrad zerbrach. 1624 lebten hier 13 Familien. Die Siedler hatten Fronleistungen wie das Mähen der Matten am Schluchsee und das anschließende Heuen zu vollbringen, während für diese Zeit das Kloster die Verpflegung stellte. 1641 gab es eine Mühle und eine Säge, die das Kloster an Adam Hilpert verpachtete. Die Säge wurde 1678 neu errichtet und war bis 1928 in Betrieb.
Das Hofgut Eschenberg zwischen dem Steppberg und Muchenland bestand bis 1850. Einige Mauerreste erinnern an den Hof, auf dem Franz Xaver Winterhalter aus Menzenschwand seine Kindheit verbrachte und von hier nach St. Blasien zur Schule ging.
Auf der Sommerseite arbeitete im 19. Jahrhundert ein Nagelschmied (Wasmerhof). Der Drechsler und Uhrmacher Blasius Muchenberger (1766–1833) widmete sich um 1800 dem Glok-

Wagner mit einer Krauthobel.

kengießen. Der Lehm für die Formen kam aus Hinterhäusern bei Fischbach. Die Glockengießerei bestand in Straß bis 1872. Danach wurde der Betrieb nach Wehr verlegt, wo er aber 1876 bereits wieder stillgelegt wurde.
Ab dem Jahre 1825 begannen italienische Steinhauer mit der Verarbeitung von Granit, so z. B. für den Bau der Klosterkirche St. Blasien nach dem Brand von 1874. Der behauene Granit fand vielseitige Verwendung (Tunnelbauten, Bahnhöfe, Gebäude, Kraftwerksbau und Straßen). Um die Jahrhundertwende gab es sogar einige Lieferungen bis nach Brüssel.

Winterwanderung

Mit Freunden, die schon seit Jahren immer wieder zum Jahresende das großzügige Hetzel-Hotel mit seinen vielen Freizeitangeboten bewohnen, bin ich zu einer Wanderung verabredet. Das Wetteramt hat für die nächsten Tage bleibende Kälte angesagt.
Mit Rucksack und Zelt brechen wir auf. Mit jedem Schritt weg vom Ort Schluchsee wird der Lärm der Autos leiser, bis er schließlich im Wald, der wie ein Filter wirkt, ganz aufhört. Der Schnee ist hart gefroren. Er knirscht bei jedem unserer Schritte – der einzige Laut.
Es ist kalt, obwohl die Sonne scheint. Ihre Strahlen fallen wie gebündelte Laserstrahlen zwischen die Fichten.
Gegen Mittag verdunkelt es sich. Es beginnt zu schneien. Es schneit und schneit, als ob der Himmel unerschöpflich wäre. Himmel und Erde scheinen verschwunden zu sein. Alles ist mit Schnee bedeckt. Alles ist weiß. Die Fichten wirken wie Säulen, da sich die Zweige unter ihrer Schneelast an den Stamm anschmiegen. Es ist still. Das Wild hat sich verzogen. Die Schneeflocken segeln lautlos herab.
Wir haben uns zu dieser Wanderung verabredet, um in den Weihnachtstagen in der Einsamkeit zu sein. Wir stoßen auf keine menschlichen Trittspuren. Lediglich die Fährten von Rehen und die eines Fuchses überqueren den Wanderpfad zum Faulenfürster Eck, der uns nach Grünwald bringen soll.

Sternsinger im winterlichen Schluchsee.

Ochsen-Gespann vor einem Holz-Schneepflug.

Während wir so gehen, spricht einer aus, was wir alle denken: »Wie schön der Schwarzwald ist, merkt man erst, wenn man darin wandert.«
Von Grünwald aus marschieren wir noch ein gutes Stück weiter, obwohl die Dämmerung allmählich über uns hereinbricht. In einer Fichtenschonung, nicht weit von Glashütte, stellen wir die Zelte auf. Die Schneedecke ist hart, so daß wir nicht befürchten müssen, morgens in einer sülzigen Schneemasse aufzuwachen. Die Tage sind kurz, die Nächte finster, aber die Abende zwischen Weihnachten und Silvester bringen den Menschen erfreuliche Geselligkeit. Abende der Unterhaltung. Wir jedoch haben Einsamkeit gesucht und sie in dieser Landschaft auch

gefunden. Heiligabend inmitten der Stille des Schwarzwaldes. Es ist ein einzigartiges Gefühl, in der Weihnachtszeit in einer verzauberten Schneelandschaft zu wandern.

Am ersten Weihnachtstag will es kaum hell werden. Die Schneewolken hängen tief herab. Es muß die ganze Nacht geschneit haben. Hoher Pulverschnee verschließt den Zelteingang. Es gilt nun, durch den Schnee zu stapfen. Der Weg führt an der Berghaushütte, an Sommerau, an der Walkenmühle, der Saubach- und der Ebersbacher Hütte vorbei bis Rothaus. Mehr als acht Stunden stapfen wir durch kniehohen Schnee, wobei wir uns an der Spitze abwechseln. Alles ohne Pause, denn im

Holz-Schneepflug im Einsatz (Beschwerung durch Holz oder Schneeräumer).

Reisigträger.

Schnee gibt es keinen Rastplatz. Müde und erschöpft schlafen wir an unserem Ziel rasch ein.
Der zweite Weihnachtstag. Wieder ein Morgen mit frischem Schnee. Ich schreibe einen Brief an einen Freund, denn ich muß ihm einfach von dem herrlichen Schnee erzählen. Dann essen wir in Rothaus etwas Warmes. Als wir die Gaststube betreten, sitzen festlich gekleidete Gäste an den Tischen. Man bestaunt uns, als kämen wir von weit her. Wir passen gar nicht zu dieser Festtagsgesellschaft. Der Wirt kennt mich und heißt uns herzlich willkommen.

Die Kapelle in der Eisenbreche stand vor Errichtung der Schluchsee-Staumauer in der Nähe des Gasthofes Seehof und des Hauses Morath in Seebrugg.

Holzabfahrt mit Hornschlitten (hinten eine Schleifbremse).

Auf der geräumten Dorfstraße durch Brünlisbach ist es leicht, bis zur Schaffhauser Säge voranzukommen. Von dort geht ein steiler und wegen des Schnees sehr beschwerlicher Pfad in die Höhe bis zur Olpismatthütte. Dann geht es ohne weitere Steigung zur Hürnehütte weiter und wieder hinunter auf den Kapellenweg, wo wir auf eine kleine, verfallene Kapelle stoßen. Es scheint, daß hier einmal ein Hof gestanden hat, zu dem diese Hauskapelle gehörte. Nur noch ein paar Kilometer sind es bis zum Staufenkopf (1034 m), wo wir die Zelte aufschlagen wollen.
Die Klausenmühle im Mettmatal ist leider kein Gasthof. Ihre winzigen Fenster wirken zwar einladend, doch wir dürfen das festliche Treiben der Hausbewohner nicht stören. Wir kommen uns vor wie die Hirten der Weihnachtsgeschichte, die auf der Suche nach dem Neuen sind. Es gehört schon Mut dazu, in den Weihnachtstagen in der Einsamkeit zu wandern. Aus dem Haus dringen Weihnachtslieder nach draußen, die das Rauschen der Mettma übertönen. Auf dem weiteren Marsch fragen wir uns,

ob die Hirten damals wirklich begriffen haben, was sich ereignet hatte. Es ist auch für uns nicht zu verstehen, was sich damals zugetragen hat. Gott ist Mensch geworden. Das ist das größte Geheimnis des Glaubens. Dieses Geheimnis ist seit 2000 Jahren trotz aller Mühen nicht gelöst worden. Mit dem Christentum, so verstehen wir es in der verzauberten Märchenlandschaft, die wir durchwandern, ist die Grenze zwischen Gott und Mensch aufgehoben worden. Das ist das Neue.
Unsere Suche nach einem Gasthof wird schließlich belohnt. In Staufen ist die Gaststube »Hirschen« gut besucht. Auch hier werden wir angestarrt, als wir mit schwerem Gepäck durch die Tür eintreten. Die Wirtin begrüßt uns herzlich und serviert uns einen Borbel (Schnaps aus der Pflanze Topinambur). Wir nehmen ein kräftiges Mahl zu uns, um die Nacht gut zu überstehen. Bevor wir wieder aufbrechen, trinken wir noch ein Viertele. An den Wänden der Gaststube hängen Kupferstiche vom Bauernkrieg. Auf einem Bild ist ein Bauernführer zu erkennen. Vielleicht ist es der Bauernführer Hans Müller aus Bulgenbach. Während es draußen ununterbrochen schneit, genießen wir noch die Wärme und die Gastlichkeit des Hauses.
Der nächste Morgen beschert uns einen wolkenlosen Himmel und eine Sonne, die die Winterlandschaft mit einem warmen Licht durchflutet. Von Müdigkeit ist nichts mehr zu spüren. Die Sonne hat die Stimmung gewandelt. Leichten Fußes gehen wir durch den tiefen Schnee nach Schönenbach, zur Tafeltanne und von dort zur Tiroler Tanne. Seebrugg und letztlich Schluchsee sind nicht mehr weit. Der Schnee beginnt, weicher zu werden. Zelten wäre bei diesen Temperaturen nicht mehr möglich.
Was wir in diesen Tagen vor allem erlebt haben, war Einsamkeit.

Das Schwarzwaldhaus

Im 15. Jahrhundert bestand das einfach gebaute Schwarzwaldhaus aus einer Stube und einer Kammer. Das Haus war ein Blockhaus, zu dessen Bau der Lehnsherr (z. B. das Kloster St. Blasien) jeweils sechs Schwellen, vier oder sechs Eck- und die beiden Türpfosten lieferte. Den weiteren Ausbau hatte der Lehnsträger (Lehnsmann) vorzunehmen. Die kleinen Fenster verschloß man mit Läden. Das Dach wurde mit Stroh statt mit Schindeln gedeckt, da dies Wärme im Winter und Kühle im Sommer spendete. Der Boden war mit einem glattgestrichenen Lehm als Estrich versehen, die Küche war lichtlos, und über dem Herd befand sich ein Rauchfang. Das Blockhaus galt als Vorläufer des Heidenhauses, das im Freilichtmuseum in der Nähe von Hausach zu sehen ist. Der Name »Heidenhaus« ist schwarzwälderischen Ursprungs und will sagen, daß die Grundform des Firstsäulenhauses den »Heiden« zugeschrieben wird.

Das heutige Schwarzwaldhaus mit der bekannten Dreiteilung – Wohnung mit Mittelgang, Stallung mit Längsgang und Scheune – entstand etwa im 16. Jahrhundert, als der Viehbestand zunahm und das Vieh überwintern mußte. In den ganz alten Schwarzwaldhäusern befanden sich die Wohnungen hinten an

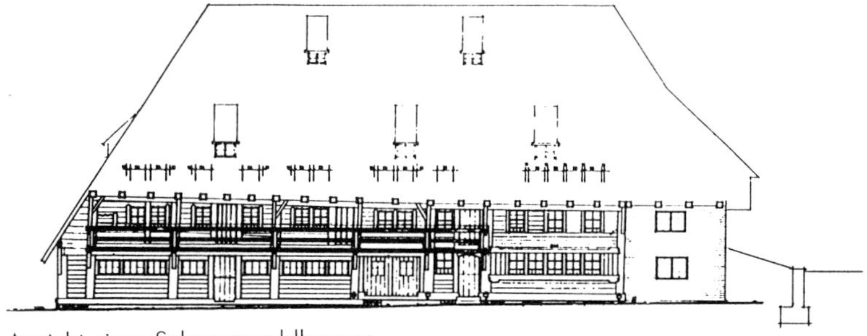

Ansicht eines Schwarzwaldhauses.

Wilhelm Hasemann (1850–1913): *Schwarzwaldhaus.*

der geschützten Bergseite und die Stallungen vorn auf der Talseite (Heidenhaus älterer Form). Erst als Glasfenster eingebaut wurden, verlegte man die Stube nach vorn, um einen Blick auf den Weg und in das Tal werfen zu können (Heidenhaus jüngerer Form).
Die Lagen der Schwarzwaldhäuser sind sehr unterschiedlich. Es gibt Häuser, deren Längsseite in der Fallinie verläuft, und solche, deren First parallel zum Hang steht (Schauinsland-Haus). Das Heidenhaus steht immer mit der Längsrichtung des Firstes zum Hang, damit der Heuwagen bequem von der Bergseite in die Scheune fahren kann. Steht das Haus nicht an einem Berghang, führt eine aufgeschüttete Rampe an das Scheunen-

Herrgottswinkel (Herrgottsschäftle).

Hans Thoma (1839–1924): *Schwarzwaldhaus.*

tor (die Ifahr). Der Scheunenboden (die Fahr) ist aus besonders starken Bohlen gefertigt, damit die schweren Heuwagen nicht durchbrechen. Über dem Futtergang, der den Kuhstall vom Stierstall trennt, liegt der Heustall (die Heulege oder Hailegi). Das Heu wirft der Bauer durch ein Heuloch hinab. An der Stirnseite des Stalls findet sich häufig eine Darstellung des heiligen Wendelin, des Schutzpatrons des Viehs.
Das Dach des Schwarzwaldhauses ist eine Sparren- oder Kehlbalkenkonstruktion, wobei die Bretter auf die Sparren und die Schindeln direkt auf die Bretter aufgenagelt werden. Zur Wetterseite ist das Dach tiefer herabgezogen. Unter dem Walm verläuft häufig eine Galerie, auf der auch bei schlechtem Wetter oder im Winter die Wäsche getrocknet werden kann.

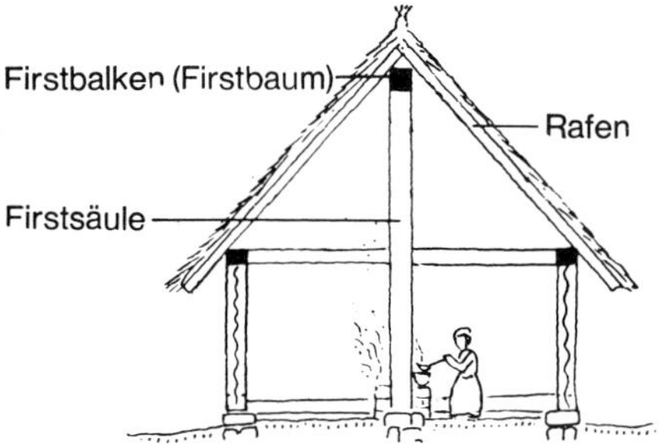

Firstsäulenhaus.

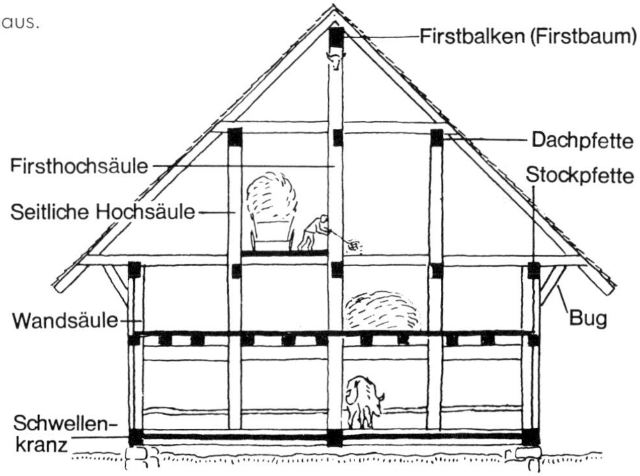

Heidenhaus.

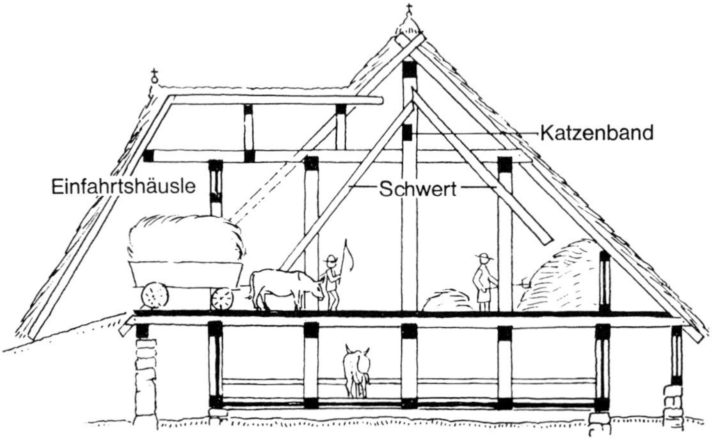

Hotzenhaus. (Alle drei aus: Hermann Schilli, *Schwarzwaldhäuser.)*

Grasschlitten aus dem Schwarzwald.

Das Schwarzwaldhaus ist eine Meisterleistung des Holzbaus. Aus Bruchsteinen wurde lediglich der Gang des Brunnenhauses gemauert. Der Brandgefahr wegen hat man nach 1810 keine reinen Holzhäuser mehr gebaut. Die Erdgeschosse mußten gemauert sein.
Der vom Herd aufsteigende Rauch (Rauchküche) durchzog das Wohnhaus und entwich durch Rauchluken. Diese Art der Rauchführung milderte die Mückenplage und schützte das Getreide gegen Schädlinge. Die Schwärzung der sichtbaren Balken durch den Rauch machte diese noch resistenter gegen Holzschädlinge. Einen Kamin baute man erst seit der Jahrhundertwende ein. Das Heizmaterial Holz lag geschützt in einem Schopf.
Auf römischen Ursprung geht die Chuuscht (das Wort wird tief in der Kehle begonnen, dann mit langem »u«, das sich gegen Ende hin mit langsam schließendem Mund zum »n« verwandelt, Kunscht, Kunst) zurück. Diese steinerne, gekachelte Ofenbank, die um 1700 aus der Schweiz von den Schwarzwäldern übernommen wurde, diente dem Erwärmen der Stube. Unter der Ofenbank gab es einen Durchlaß zum Trocknen der nassen Schuhe. In der Kunscht befand sich ein Loch, in welchem die Bauersfrau das Essen warm stellen konnte. Der Tisch stand meistens der Kunscht gegenüber, und in der Ecke (Nische) war der Herrgottswinkel (das Herrgottsschäftle) untergebracht.
Die Haustiere eines Hofes gehören zur Hausgemeinschaft. Jedes Tier hat seinen Namen. Morgens geht der Bauer in den Stall, macht ihn sauber und streut Sägemehl oder Stroh ein. In

früheren Zeiten, als es noch keine Motorsägen gab, behalf man sich mit »Wäsmen«, das sind getrocknete und zerrissene Grasnarben. Das Vieh wird am Brunnen im Haus getränkt. Bevor der Bauer am Abend schlafen geht, macht er nochmals einen Rundgang durch den Viehstall, um zu sehen, ob noch alles in Ordnung ist und kein Vieh im Stall herumläuft. Dann betet er das Vaterunser, weil er weiß: »An Gottes Segen ist alles gelegen.«

Hotzenhaus

Das Hotzenhaus ist ein Einhaus mit Wohn- und Wirtschaftsteil und hat an den Schmalseiten weitreichende Walmen, wobei sich der gemauerte Wohnteil (2 = Stube, 3 = Küche mit Rauchfang, 4 = Kammern) unter dem östlichen Walm befindet. Der Hausgang (1) und die Stallungen (5) liegen auf der südlichen Langseite, während sich die Erdrampe auf der Ostseite in einem Querbau, dem Einfahrtshäusle, fortsetzt, das einen Teil

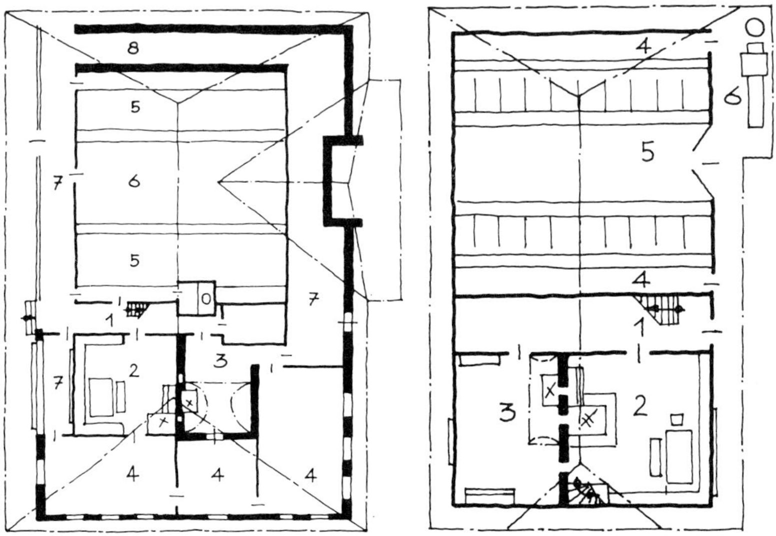

Baukörper eines Hotzen- und eines Heidenhauses (siehe Hermann Schilli, *Schwarzwaldhäuser*).

des Obergeschosses bildet. Dieser Querbau ist ebenfalls gewalmt. Unter der Einfahrtenne gibt es den Futtergang (6) zwischen zwei Hochständerreihen. Daher beschreibt man die Holzkonstruktion des Hotzenhauses auch als Hochständerbauweise. Um das Haus führt ein Gang (7), der als Schild oder Laube bezeichnet wird, mit einem Schopf (8 = Holzschober). Wegen des Schildes erhalten Wohnstube und Küche kaum Licht. Zum Hotzenhaus gehört ein Waldstück an der Westseite, durch das es gegen Sturm und Regen geschützt ist.

Heidenhaus

Heidenhäuser erkennt man an der Lage im Gelände. Der First und damit die Längsrichtung des Hauses erstrecken sich in der Fallinie des Hanges. Der Wohnteil mit Stube (2) und Küche (3), die durch beide Geschosse hindurch bis unter den Dachboden führt, liegt der Bergseite zugekehrt und ist großzügiger gebaut als der des Hotzenhauses. Der Hauseingang ist nach Süden oder Westen gerichtet. Der Stall (4) mit Futtergang (5) ist von der Höhe her niedrig gehalten, da das Hinterwälder Vieh kleinwüchsig ist. Die Tiere haben einen leichteren Körperbau und beschädigen die empfindlichen Wiesen des Hochschwarzwaldes dadurch weniger. Seitlich des Stalles befindet sich der Brunnenstock mit dem Tränktrog und dem Milchhäusle (6).

Museums-Höfe

Schniederlihof (1766) in Hofsgrund bei Steinwasen: Er ist ein Schauinsland-Haus mit großem Walmdach und kleinen Dachausbauten. Der Ochsenschädel – in der Regel der Schädel des Zugtieres, der die Stämme für den Hausbau aus dem Wald heranschaffte – an der Spitze des Firstes soll das Haus vor Feuer, Blitzeinschlägen, Krankheiten und sonstigem Unheil bewahren.

Vogtsbauernhof – Gutacher Haus (Freilichtmuseum bei Hausach im Kinzigtal).

Klausenhof (18. Jahrhundert) in Großherrischwand: Der gemauerte Herd in der »Rauch-Chuchi« ist die einzige Feuerstätte für das ganze Haus. Der Rauch zieht durch Öffnungen (Rauchluken) im Dachraum ins Freie.

Freilichtmuseum *Vogtsbauernhof* (1570) in der Nähe von Hausach im Kinzigtal: Neben diesem Hof gibt es den *Lorenzenhof* (Kinzigtal-Haus mit steinernem Sockel und dem Stall dahinter), den *Hippenseppenhof* (Heidenhaus), den *Reesenhof* (Schauinsland-Haus), ein Hotzenhaus (Nachbildung des Klausenhofs), einen Kohlenmeiler, eine Hofkapelle, ein Bienenhäuschen, eine Hammerschmiede, eine Ölmühle und ein Floß. Die Flößer von Hausach besaßen ein Monopol auf den Transport

Hans Thoma: *Winter.*

von Baumstämmen nach Holland bis um die Mitte des 19. Jahrhunderts, als die Sägewerke aufkamen, in denen das Holz in Bretter geschnitten wurde, die dann leicht zu Lande zu transportieren waren. Sobald ein Baum gefällt war, wurde er geriest. Danach ließ man ihn in mühevoll angelegten Rinnen aus Baumstämmen zu Tal gleiten.

Menzenschwand

Menzenschwand im Wandel der Jahrhunderte

Die Fahrt von St. Blasien nach Menzenschwand ist weitaus weniger prickelnd als die vom Schluchsee aus, wo man über Aeule in eines der wildromantischen Gebiete des Hochschwarzwaldes mit alpinem Charakter eindringt: beeindrukkende Berggipfel, tiefe Wälder, Hochmoore, Wildwiesen, Bäche und Wasserfälle. Nach Aeule windet sich die Straße in vielen Kehren über 1100 Meter hinauf. Bald hat man einen schönen Blick in das enge Albtal mit dem Vorderdorf und der katholischen Pfarrkirche St. Martin und später mit dem Hinterdorf und der evangelischen Erlöser-Kirche. Dazwischen liegt das neue Kurhaus.

Stattliche Berge wie Schnepfhalde (1228 m), Kapellenkopf (1273 m), Spießhorn (1349 m), Herzogenhorn (1417 m) und Feldberg (1493 m) schützen das Tal vor rauhen Winden und widrigen Einflüssen. All diese Gipfel verwehren den Nordwest- und Ostwinden den Zutritt in das Albtal, so daß vom Bergfrühling bis zum nebelfreien Herbst unerschöpfliche Wandermöglichkeiten gegeben sind.

Ältere Urlauber schätzen den weiten, ebenen Talboden mit der Alb für ausgedehnte Spaziergänge in reiner Höhenluft. Selbst im Winter, in den Monaten von November bis Februar, kann man auf grünen Matten wandern. In den letzten Jahren fiel der Schnee erst in den Monaten Februar bis April.

Die Menzenschwander Alb entspringt in 1370 Meter Höhe am Hang des Seebucks am Feldberg und fließt dann mit 14 Prozent Gefälle hinab, bis sie in 900 Meter Höhe eine Talstufe in einer kurzen Schluchtstrecke mit mehrstufigen Wasserfällen (Felsgestein von Bärhalde-Granit) überwindet. Vom Talschluß bei der Einmündung des Krunkelbachs (885 m) an senkt sich der Talboden um weitere 60 Meter bis zur Menzenschwander Brücke

Menzenschwand.

(825 m). Danach fließt die Alb im Felsuntergrund eingetieft weiter, bis sie sich nach 10,5 Kilometer mit der Bernauer Alb vereinigt.
Am Hang des Herzogenhorns befinden sich die Quellbäche des Krunkelbachs. Das untere Krunkelbachtal ist ein Trogtal mit steilen Wänden. Aus dem Talboden ragen Rundhöcker auf. Das Scheibenlechtenmoos, ein Karmoor, am Spießhorn hat den Schweinbach als Abfluß, der sich im Sägenwald in 970 Meter Höhe mit dem Remplenbächle verbindet und im Vorderdorf als Schleifbach in die Alb mündet.
Menzenschwand mit seinen alten, typischen Schwarzwaldhäusern liegt 850 Meter ü. d. M. in einem Trogtal, das in der Eiszeit geformt wurde. Findlinge und Endmoränen am Fuße des Feldbergs sind Zeugen dieser erdgeschichtlichen Vergangenheit.

Menzenschwand verdankt seinen Namen dem Abt von St. Blasien, der in den Jahren 1150 bis 1200 dem »äußeren« Bruder den Auftrag erteilte, das Albtal zu »swenden« (roden). Der Bruder hieß Manzo. Er gründete im heutigen Hintermenzenschwand einen »Bruderhof«. Die Mönche wurden deshalb »äußere« Brüder genannt, weil sie sich von den Patres durch ihren langen Bart und die graue Kleidung unterschieden. In der Zeit der Auseinandersetzung zwischen Heinrich IV. (1056–1106) und Gregor VII. traten viele junge Männer in das Kloster St. Blasien ein, das sich der cluniazensischen Reformbewegung, die im 10. und 11. Jahrhundert von den Klöstern Cluny (gegründet 910) und Gorze ausgegangen war, angeschlossen hatte.
Unter den Orden zeichneten sich die Benediktiner (Gründung des Klosters Monte Cassino um 529) und die Zisterzienser (Gründung des Ordens 1098) als Orden des Rodens und Bauens aus. Vor allem die Zisterzienser waren ein Orden der Landerschließung und Wirtschaftsplanung, der Kultivierung von Boden und Pflanzen. Und die Arbeit, die dazu nötig war, lag fast ganz in den Händen der Laienbrüder.
Die Brüder-(Mönchs-)Höfe hatten verschiedene Aufgaben wie Rodung, Viehhaltung und vor allem den Ausbau des Hofes zu

Gasthaus Hirschen.

Die Erlöserkirche (1688), heute evangelische Pfarrkirche, mit manieristischer Ausmalung.

einem Musterhof, damit dieser neue Ansiedler anzog. Denn nur so war es möglich, die unwirtliche Gegend auf Dauer zu besiedeln. An die Rodungsarbeiten erinnern Flurnamen wie Brand, Brändelwald und Brändler.

Die Bemühungen der Brüder wurden durch das Kloster unterstützt. So erhielten die ersten Ansiedler im heutigen Vorderdorf Land als Lehen mit der Maßgabe, das Land zu roden und urbar zu machen. Da die Anzahl der Brüder im Laufe der Jahre zurückging, warb das Kloster zu Beginn des 17. Jahrhunderts Aussiedler aus Tirol an. Der Familienname Bockstaller z. B., den es heute noch in Brenden und Bernau gibt, ist Tiroler Ursprungs. Damit die Aussiedler das Angebot des Klosters annahmen, stellte man ihnen in Aussicht, daß sie als Lehnsträger nur geringe Abgaben zu leisten hätten. Meistens waren sie nur zum Mähen, Jagen, Fischen oder zu Transportleistungen verpflichtet.

Der Mönchshof war das örtliche Zentrum. Menzenschwand wurde erstmals 1298 urkundlich erwähnt. Dies war zugleich das Jahr, in welchem Abt Berthold im Hinterdorf eine kleine Kapelle, die dem heiligen Antonius geweiht ist, errichten ließ, so daß alle 14 Tage ein Pater von St. Blasien, der jedesmal abzuholen war, eine Messe lesen konnte. Dieser 14tägige Rhythmus ist bis 1787 erhalten geblieben.
In den Urbaren, in denen der ganze Klosterbesitz aufgeführt ist, weist ein Verzeichnis aus dem Jahre 1351 auf die damalige Größe des Vorderdorfes hin: sechs Lehen (Meierhöfe) und ein Stück Matten.

St. Martin.

Als das Kloster St. Blasien der habsburgischen Oberhoheit unterstellt war, erfuhr Menzenschwand neuen Auftrieb, da man nun versuchte, das Hinterdorf zu entwickeln. Das Kloster machte aus dem Bruderhof ein Lehen und gab dieses an einen Meier weiter. Die Meier waren lange Jahrhunderte hindurch zur Abgabe des Zehnten verpflichtet. Darüber hinaus behielt das Kloster das Wald- und Fischrecht. An diesem Zustand änderte sich lange nichts, auch dann nicht, als der Bruderhof 1490 verkauft wurde. Der Hofbesitzer durfte zwar Holz schlagen und aus dem Holz Schüsseln schnitzen, die bis in die Schweiz verkauft wurden, hatte aber jedes Jahr seinen Zehnten zu leisten. Aus jener Zeit stammt auch die Schmiede im Vorderdorf, deren Türsturz die Jahreszahl 1476 trägt.
Nach 1490 entwickelte sich recht langsam das Hinterdorf, indem man vom Bruderhof einige Grundstücksflächen abtrennte, um darauf neue Bauernhöfe zu errichten. Bis 1577 gab es im Vorderdorf etwa acht Lehen und 70 bis 80 Einwohner. 1596 zählte der Ort 13 Häuser und ungefähr sieben Meierschaften.
Das Hinterdorf erhielt 1782 von St. Blasien die Bläsmer Hütte auf dem Feldberg, die zur Menzenschwander Viehhütte wurde; im Jahre 1914 wurde sie dann allerdings abgebrochen und unterhalb der Feldbergstraße in 1220 Meter Höhe wieder aufgebaut.
Noch Anfang des 18. Jahrhunderts lieferte das Kloster Holz aus seinem Menzenschwander Waldbesitz an Basel. Die Gemeinde kämpfte schon damals um ihre Rechte an dem Wald. Nach ihrer Vorstellung gehörte der Wald der Gemeinde und den Bürgern. 1786 kam es sogar zu einem Holzmangel, so daß ein Holzausfuhrverbot erlassen werden mußte. 1792 erklärte sich das Kloster nach heftigem Drängen der Gemeinde bereit, einen bestimmten Teil seines Waldbesitzes im Vorderdorf abzugeben. Die Hauswaldungen verblieben bei den Häusern, die Schatzungswaldungen wurden den Bürgern entsprechend der Höhe ihrer jährlichen Steuerleistungen zugeteilt. Der Gemeindewald diente den Aufgaben der Gemeinde wie dem Unterhalt der Schule, der Pfarrei und der Armen.
Diese Regelung hatte den Nachteil, daß der bisherige Wald-

Dorfbrunnen aus dem Jahre 1895.

besitz des Klosters im Vorderdorf zerstückelt wurde. Im Hinterdorf konnten sich die Einwohner über die Zuteilung nicht einigen, so daß es bis 1832 dauerte, bis endlich die Aufteilung erfolgte. Auf Anordnung des Karlsruher Staatsministeriums durften die Grundstücksgrößen 10 Morgen nicht unterschreiten, damit die Flächen im Hinterdorf nicht in unzählige Kleinstparzellen zerfielen.
Die Säkularisation ergriff auch das Kloster St. Blasien, das mit seinem Territorium 1805 an Baden fiel, welches der Kurfürst Karl Friedrich ein Jahr später offiziell in Besitz nahm. Mit dem Übergang an Baden trat eine neue Gemeindeverfassung in Kraft, wonach nicht mehr der Vogt und die Geschworenen die Geschicke der Gemeinde zu leiten hatten, sondern ein Bürgermeister und die Gemeinderäte.
1832 ordnete der badische Staat an, die Menzenschwander gegen eine Ablösesumme aus dem Lehen zu entlassen. Auch diese Last haben die Einwohner auf sich genommen.

Im 19. Jahrhundert versuchten die Menzenschwander, ihre Verkehrsanbindung duch den Bau einer Straßenverbindung Todtnau–Titisee zu verbessern. 1864 entschieden sie sich für dieses Projekt, das dann auch verwirklicht wurde. Mit einem Eisenbahnanschluß an die Strecke nach St. Blasien hatten sie indessen kein Glück.
Eine Gebietsänderung kam 1939 auf Menzenschwand zu, als die Gemeinde Feldberg gebildet wurde und Menzenschwand 141,44 Hektar Fläche abtreten mußte.
Am 1. Juli 1974 ist Menzenschwands Unabhängigkeit durch die Gemeindereform aufgekündigt worden. Die Gemeinde mußte ihre Selbständigkeit aufgeben und wurde zu einem Ortsteil der Stadt St. Blasien, die dem Landkreis Waldshut angehört.

Franz Xaver Winterhalter aus Menzenschwand

Menzenschwand hat nicht nur schöne Schwarzwaldhöfe, sondern auch einen Maler, dessen Schaffen vor allem im Ausland

Geburtshaus der Kunstmaler Franz Xaver und Hermann Fidel Winterhalter.

Gasthof Waldeck mit Winterhalter-Stube.

voll gewürdigt wird. In Frankreich und England zählt man ihn zu den großen Malern des 19. Jahrhunderts.
Winterhalter wurde am 20. April 1805 im heutigen Hause der Familie Erich Schäuble im Hinterdorf geboren. Sein Vater war Kübler und Uhrenträger, seine Mutter eine Enkelin des Michael Mayer, der ein Vorfahre des Malers Hans Thoma (1839–1924) war. 1818 begann er eine Lehre als Zeichner und Kupferstecher im Kunstinstitut Herder in Freiburg. Mit Hilfe eines Stipendiums studierte er an der Kunstakademie in München und kam durch Vermittlung seines Lehrers 1828 nach Karlsruhe, wo er als Zeichenlehrer der Markgräfin Sophie tätig war.
Durch seine Italien-Reise 1833/34 erhielt Winterhalter bedeutende Anregungen für sein Schaffen. Nach seiner Rückkehr ernannte ihn Großherzog Leopold am 20. August 1834 zum Hofmaler. Ein Jahr später unternahm Winterhalter eine zweite Italien-Reise, auf der seine ersten berühmten Werke entstanden.
Sein glänzender Aufstieg begann in Paris, wo er der beliebteste Porträtmaler wurde. Er malte am Hofe Napoleons III. Kunstreisen nach Belgien, England und Spanien folgten, bis ihn 1841

Königin Victoria an den englischen Königshof holte. Sein Können überzeugte derart, daß er von allen Seiten Aufträge erhielt. Er wurde der Porträtmaler des europäischen Adels.
Sein rastloses Schaffen zehrte an seiner Gesundheit. Obwohl sein Bruder Hermann Fidel (1808–1891) ihn bei den Details unterstützte und er selbst zu längeren Erholungsaufenthalten nach Baden-Baden und in die Schweiz fuhr, starb er überraschend nach einem Typhusanfall am 8. Juli 1873 in Frankfurt. Bilder von Franz Xaver Winterhalter (»Dame in Blau«) und Hermann Fidel Winterhalter (»Bürgerlicher Herr«) befinden sich im Museum des Landkreises Waldshut in St. Blasien.

Feldsee

Der Waldweg, der sich oberhalb des Feldsees entlangschlängelt, ist vielversprechender als der breite Wanderweg, der vom Raimartihof zum Feldsee führt. Leichte Winde steigen dort an der Felswand auf und wehen dem Wanderer ins Gesicht, beflügeln sein Denken, regen seine Phantasie zu Bildern über die Natur, die Welt und Gott an. Dieses rhythmische Atmen der Natur betört den Wanderer mehr als rauhe Naturgewalten, wie Stürme, Blitz und Donner.
Wanderer, die von der Anhöhe des Feldbergs in den Wald gelangen oder über dem Talgrund am steilen Hang entlang den schmalen Waldweg begehen, gelangen an eine Stelle, von der aus sie ein blaues Wasser in der Tiefe erblicken: den Feldsee. Er zieht den Wanderer magisch an und weckt in ihm das sehnliche Verlangen, die Ufer dieses schönen Sees aufzusuchen.
Der leichte Wind, der den Wanderer begleitet, weckt in ihm die Suche nach Stille, nach Harmonie, nach Frieden in der Welt. Überall in der Welt, wo sanfte Winde wehen, machen sich Bewegung, Aufschwung, Gleichgewicht, Harmonie bemerkbar. All diese Dinge erfährt der Wanderer am Feldsee in besonderem Maße.

Blick vom Feldberg in das Wilhelmstal. ▷

Herbstwanderung

Es war Spätherbst, als wir durch das Albtal zur Staumauer des Schluchsees fuhren, ein nebliger Tag, einer der wohl letzten Tage vor den Stürmen und den dichten Nebelschwaden.

Meine Mutter, mein Bruder, meine Frau, unsere Tochter und ich hatten beschlossen, von der Staumauer des Schluchsees aus nach Menzenschwand zu wandern. Es ging zügig bergan durch den mit seinen hohen Stämmen erhaben-prächtigen Wald. Der Pfad führte zwischen dem Habsberg (1253 m) auf der rechten und dem Kuhkopf (1093 m) sowie dem Steppberg (1215 m) auf der linken Seite hindurch.

Während wir den Wanderweg entlangschritten, erzählte ich von Mark Twain, der 1878 in Europa gewesen war und von Baden-Baden aus einen Ausflug in den Schwarzwald unternommen hatte. Er berichtete: »Die meiste Zeit waren wir zu Fuß unterwegs. Diese erhabenen Wälder und die Empfindungen, die sie einem einflößen, lassen sich letztlich nicht beschreiben. Eine dieser Empfindungen jedoch ist eine tiefe Zufriedenheit und eine andere ein übermütiges jungenhaftes Entzücken und eine dritte, stark hervortretende ist das Gefühl, die Werktagswelt weit zurückgelassen zu haben und von ihrem Getriebe vollkommen losgelöst zu sein.

Diese Wälder erstrecken sich ohne Unterbrechung über ein gewaltiges Gebiet; und wo man auch hinkommt, sind sie so dicht und so still, so tannig und duftend. Die Stämme der Bäume sind sauber und kerzengerade, und vielerorts ist der Boden auf Kilometer hin von einem lebhaft grünen Moospolster bedeckt, das nirgendwo vermodert oder zerrissen ist und von keinem abgefallenen Blatt oder Zweig in seiner makellosen Reinheit und Ordentlichkeit gestört wird. Ein sattes, domhaftes Dämmerlicht fällt in die säulenbestandenen Gänge, so daß die verirrten Sonnensprenkel, die hier auf einen Stamm und dort auf einen Ast treffen, kräftig hervortreten und das Moos regelrecht zu brennen scheint, wo sie den Boden tüpfeln. Aber die eigentümlichste Wirkung und die zauberhafteste bringt das weichgestreute Licht der tiefstehenden Nachmittagssonne hervor; kein einziger Strahl kann dann eindringen, das weiche Licht aber nimmt Farbe an von Moos und Laub und erfüllt alles mit einem zarten grünen Dunst, der Theaterbeleuchtung des Märchenlandes. Die Stimmung des Geheimnisvollen und Übernatürlichen, die zu jeder Zeit über dem Wald liegt, wird durch dieses unirdische Licht noch eindringlicher.«

Wanderer, die von St. Blasien aufgebrochen waren, um das Gasthaus »Unterkrummen« am Schluchsee zu erreichen, wo ein guter Schwarzwaldspeck gereicht wird, kreuzten unseren Weg.

Wir wanderten weiter, plauderten und erfreuten uns der landschaftlichen Schönheiten trotz des nicht so warmen Tages.

Es nieselte ein wenig. Mittlerweile hatten wir uns an die leichten Nebelschwaden gewöhnt, fanden sie ganz interessant und von eigenartiger Wirkung. Die Nebel zogen durch den Wald und erfüllten ihn mit ständiger Bewegung. Kein Laut war zu hören, kein Rehwild zu sehen. Wie im Märchen, geradezu zauberisch, bot sich der Wald uns dar.

Wir waren dennoch froh, als wir Menzenschwand im Tal liegen sahen. Mit Freunden, die im »Hirschen« und »Sonnenhof« untergebracht waren, trafen wir uns im Hotel »Waldeck« (Winterhalter-Stube), wo Freunde aus Wentorf bei Hamburg bereits auf uns alle warteten. Es wurde ein gemütlicher Abend bei Forellen und einem guten Tropfen.

Winterurlaub

In den Jahren nach dem Krieg war vor allem der Schwarzwald das Ziel für Winterurlauber, die sich für zwei Wochen oder länger in Gasthöfen und Hotels einquartierten. Außen mit Holz verkleidet, im Innern mit Kachelöfen ausgestattet, breitete sich in den Gasthäusern unter niedrigen Holzdecken wohlige Wärme aus. Meistens saß man auf einer unter dem Herrgottswinkel umlaufenden Bank gegenüber dem grünen Kachelofen.

Nicht anders war es in dieser Zeit auch in Lech, St. Moritz oder Oberstdorf. Überall war die Skimode einfach, die Skibretter waren aus Esche und die Bindungen aus Lederriemen. Felle gehörten zu den wichtigsten Accessoires, denn ohne sie war ein

Hofkapelle in Aha.

Aufstieg kaum möglich. Erst dann wurde man nach der schweren Mühe durch herrliche Abfahrten belohnt.
Heute ist vieles anders geworden. Wenn auch in den letzten drei Jahren im Südschwarzwald kaum Schnee gefallen ist und die Kurorte nicht auf ihre Kosten kamen, hat sich der Südschwarzwald zu einem Wintersportgebiet für Wochenend- und Kurzurlauber entwickelt, die in Scharen die Hänge aufsuchen.
Das Skigebiet rund um Häusern, Höchenschwand, Brenden, Schluchsee und Menzenschwand mit dem nahen Feldberg bietet genügend Lifte für alpine Skifahrer und gespurte Loipen für Langläufer, unter denen auch Gäste aus der Schweiz anzutreffen sind. Die Anfahrt von Zürich und Umgebung dauert kaum länger als eine Dreiviertelstunde. Beliebt unter den guten Skiläufern ist das Feldberg-Skigebiet.
Auch für den Langlauf ist der Schwarzwald vorbereitet. In den Hotels und Gasthöfen sind die Wirte schon kundig, wenn es darum geht, welche Loipe zu empfehlen ist. Es gibt kurze und lange Loipen, leichte, mittelschwere und schwere.
Um Tiere und Pflanzen zu schonen, sollte der Skiwanderer nicht abseits der gespurten Loipe seinen eigenen Weg suchen. Man stört dadurch nur das Wild, schadet aber auch dem Jungwald. Man kann diese Unsitte nicht oft genug verurteilen, obwohl es eigentlich eine Selbstverständlichkeit sein sollte, diese zu unterlassen. Häufig genug fordert der Winter seinen Preis wegen der Unvernunft und der Rücksichtslosigkeit der Skifahrer: von Skikanten geköpfte Jungpflanzen, verendetes Wild, das die Futterkrippe nicht mehr erreichen konnte.
Wintersport im Südschwarzwald – das ist Sport, der gleichzeitig der Erholung dient. Beliebt sind auch die Skiabende bei Flutlicht bis 22 Uhr. Da läßt es sich je nach Musik im Walzer- oder Jazz-Dance-Rhythmus zu Tal schwingen.
Die schneearmen Winter haben in anderen Skiorten eine neue Variante des Schnees ins Spiel gebracht. Schneekanonen wurden angeschafft, um den Betrieb der Skilifte notdürftig aufrechtzuerhalten. Den hellen oder vielleicht in Kürze auch farbigen Kunstschnee durch Zusatz von Eiweiß haltbarer zu machen oder durch Einsatz von Bakterien zu vermehrter Schneebildung bei höheren Außen- und Wassertemperaturen zu verhelfen,

Altar der Kapelle – Bauernmalerei.

widerspricht der Natur und dürfte für das ökologische Gleichgewicht unübersehbare Folgen haben. Ein Wettlauf um die Gunst der Skiläufer findet im ganzen Alpenraum statt, wo dem Skifan Terrain, Skikarussell, Skizirkus oder Skischaukel geboten werden. Dieser Skikomfort hat zur Folge, daß Masten, Seile, Schneisen und eine entsprechende Infrastruktur das Landschaftsbild drastisch verändern.

All dies hat dazu geführt, daß viele Skiorte ihre Attraktivität im Sommer verloren haben. Die Besucherzahlen sinken stetig. Der Südschwarzwald hat diese Entwicklung nicht mitgemacht. Es fehlt auch an den örtlichen Skimöglichkeiten. Ein Terrain bis zu 1500 Meter Höhe hat eben nicht die Reize für die unersättlichen Skifahrer. Es existiert aber auch noch ein anderer Grund: Auf den Höhen des Schwarzwaldes gibt es starke Charaktere, die ihr Gebiet nicht einem einseitigen Marketing-Konzept opfern wollen. Dank ihrem Eintreten hat sich die Geborgenheit vermittelnde, reizvolle Gegend des Südschwarzwalds erhalten.
Geschlossene Wald- und weite Wiesenflächen, die der Skifahrer durchquert, geben dieser Landschaft ihren besonderen Reiz. Deshalb wird sie von Sommer- und Winterurlaubern gleichermaßen gern besucht. Für die Gäste in der Wintersaison gibt es Skipisten für Schongänger und Geübte. Je nach Kondition kann man den für sich geeigneten Pfad wählen. Wenn dann in den nebelfreien Zonen der über 800 Meter liegenden Luftkurorte des öfteren die Sonne scheint und die schneebedeckten Gipfel der Alpen zum Greifen nahe sind, dann stellen sich sogar alpine Gefühle ein.
Die Wintersportzentren sind heimelig geworden, seitdem sich die Orte darauf besonnen haben, den Ortskern restaurieren zu lassen. Das Gestern ist »in« – allerdings verbunden mit dem Komfort von heute: Zimmer mit eigenem Bad, WC und Zentralheizung. In dieser Hinsicht hat der Schwarzwald aufgeholt. Darüber hinaus hat er noch die über seine Grenzen hinaus bekannte Gastlichkeit anzubieten.
Vergessen sollte man auch nicht die vielen Sehenswürdigkeiten und die alte Bauernkultur im Hotzenwald. Neben Herrischried mit dem alten Ortskern stehen in Menzenschwand und Präg Schwarzwaldhäuser mit den charakteristisch tief heruntergezogenen Dächern, Giebeln und Galerien. Kaminholz liegt da und dort gestapelt, wo es trocken lagern kann. Es gibt noch Holzhäuser, die in Jahrhunderten von Sonne, Regen und Wind gegerbt wurden. Lebendige Bauernkultur. Und dies zu jeder Jahreszeit. Auch im Winter!

Sehenswürdigkeiten in der nächsten Umgebung

Aftersteg

– Glasbläserhof (Glasbläserhütte mit Schmelz-, Arbeits- und Temperofen) mit Museum, wo die Entwicklung der Glasherstellung dargestellt ist; Vorführungen.

Aha

– Hofkapelle am Ausgang des Ortes Aha-Aeule, die 1745 von einem Bauer ausgemalt und 1930 restauriert wurde (Schlüssel ist bei Franz Thalmann im Wohnhaus vor der Kapelle erhältlich).

Bad Säckingen

– Hochrheinmuseum im Trompeterschlößchen (einstiger Sitz der Freiherrn von Schönau), das Schauplatz der Geschichte des Trompeters von Säckingen war (Joseph Victor von Scheffel [1826–1886] schrieb darüber ein Epos, das im 17. Jahrhundert spielt). Neben dem Trompeten-Museum ist hier ein Uhrenmuseum untergebracht (Öffnungszeiten: Dienstag, Mittwoch, Donnerstag und Sonntag 14–17 Uhr).
– Münster St. Fridolin (Fridolinsfest am 6. März) mit karolingischer Krypta, das im 18. Jahrhundert von Giovanni Gaspare Bagnato barock umgestaltet wurde.
– Gallusturm und die gedeckte Holzbrücke aus den Jahren 1570 bis 1580.
– In der Nähe in Beuggen eine ursprüngliche Wasserburg, ehemalige Deutschordens-Kommende aus dem Jahre 1246.

Bernau

– Inner-, Ober- und Unterlehen, Bernau-Hof und Kaiserhaus als Dorfgruppen; Naglerhaus aus dem Jahre 1538 als ältestes Bauernhaus in Bernau-Hof sowie weitere Höfe aus dem

Bonndorf.

17. und 18. Jahrhundert, Resenhof als Bauern- und Holzschneflermuseum.

– Hans-Thoma-Museum im Bernauer Rathaus: Hans Thoma (2. Oktober 1839 in Bernau – 7. November 1924 in Karlsruhe) war Sohn eines Müllers, der in der Holzindustrie arbeitete, weil er sich keine eigene Mühle leisten konnte. Thoma malte Bilder seiner Heimat und ließ in ihnen die Natur selbst zum Ausdruck kommen.

Blumberg

– Museumsbahn Wutachtal (Telefon: 07702/5127, 8–12 Uhr), auch »Sauschwänzlebahn« genannt, weil der Stockhalde-Tunnel, der einzige Kreiskehrtunnel in Deutschland, wie ein Schweineschwänzle gekrümmt ist; Gesamtstrecke: 25 Kilometer.

Grafenhausen um 1912.

Bonndorf

– Barockschloß der Grafen von Bonndorf aus dem Jahre 1594, das heute unter anderem die »Schloß-Narrenstuben« beherbergt, ein Fasnachtsmuseum mit Miniaturfiguren.

Görwihl

– Gletschermühle.

Grafenhausen

– St.-Fides-Kirche mit Schluchseegranit an den Turmkanten. Reste der alten Stadtmauer sind unterhalb der Kirche noch sichtbar.
– Propsteigebäude mit Wappen von St. Blasien (heute Pfarrhaus).
– Schlüchtsee mit Strandbad (Naturschutzgebiet).

– Schwarzwälder Mühlenmuseum beim Gasthof »Tannenmühle«.

Herrischried

– Klausenhof aus dem 18. Jahrhundert, ein Hotzenhaus, in welchem ein Heimatmuseum untergebracht ist, das eindrücklich die damalige beschwerliche Lebensweise dokumentiert (Öffnungszeiten: Dienstag, Mittwoch und Samstag 14–17 Uhr, Sonn- und Feiertag 13–18 Uhr).

Holzschlag

– Frauenaltar in der Pfarrkirche, ein Reliefbruchstück aus dem im letzten Jahrhundert abgebrannten Paulinerkloster Grünwald.

Schwarzwälder Mühlenmuseum beim Gasthof Tannenmühle.

Am Klausenhof in Herrischried.

Küssaburg

– Ruinen der Küssaburg, die auf einem 629 Meter hohen Bergkegel liegen. Im 11. Jahrhundert Sitz der Grafen von Küssaberg. Die Burg wurde im Dreißigjährigen Krieg nach einem Brand aufgegeben.

Laufenburg

– Malerische Altstadt auf dem Schweizer Ufer mit Schloßruine; im Gasthaus »Krone« eine Gedenkstube für Hans Thoma.

Löffingen

– Reizvoller Stadtkern mit seinen charakteristischen Zinnengiebeln; Ausgangspunkt für das Durchwandern der Wutach-, Gauchach- und Rötenbachschlucht.

Nöggenschwiel

– Rosendorf mit über 20000 Rosen in 200 Sorten (»Rose Capital of America« ist Tyler, Texas, mit 38000 Rosen in 500 Sorten).

Raitenbuch

– Kornspeicher, der bis ins späte 19. Jahrhundert als Seifensiederei benutzt wurde.
– Ferienhaus von Dorothea Werner, die ihre Sammlung von Koch- und Backrezepten ständig ergänzt (*Wie daheim gekocht – Alemannischer Küchenzettel,* Freiburg 1985; *Backen wie daheim,* Freiburg 1988).

Rothaus

– Hüsli, Heimatmuseum und zugleich Drehort verschiedener Fernsehserien, das zuletzt mit der Serie »Die Schwarzwaldklinik« als Wohnhaus von Dr. Brinkmann international bekannt wurde. Zu verdanken ist das Hüsli der Konzertsängerin Helene Siegfried (18. Mai 1867 – 27. Juni 1966), die es im Jahre 1911 erbauen und nach Schwarzwälder Bautradition gestalten ließ. Das Wohnhaus und heutige Heimatmuseum gewährt Einblicke in die Lebensweise der Menschen im Südschwarzwald um die Jahrhundertwende (Öffnungszei-

Kornspeicher, ehemalige Seifensiederei in Raitenbuch.

Rothaus.

ten: Dienstag bis Samstag 9–12 und 14–18 Uhr, Sonntag 14–18 Uhr, Montag geschlossen).

– Weit bekanntes Brauhaus, das seinen Namen nach der Familie von Roth trägt, die im 14. Jahrhundert in der Herrschaft Grafenhausen Güter besaß. Das Schankrecht besteht seit 1681. Das Kloster St. Blasien erwarb 1766 das »Wirtshaus zum Rothen Haus«. Fürstabt Martin Gerbert ließ 1790 eine Bierbrauerei errichten, um »den Schwarzwaldbauern ein gutes und billiges Getränk zu verschaffen und um den leidigen Schnapstrinkern Abbruch zu tun«. Dazu kam die weitere Absicht, keine Biere aus anderen Gegenden im eigenen »Zwing und Bann« anzubieten. 1792 konnte mit dem Bierbrauen begonnen werden. Nach Aufhebung des Klosters wurde 1807 die Klosterbrauerei badische Staatsbrauerei. Das Gasthaus wurde nach einem Brand 1894 aus

Die »Ifahr« des Wildehofes in Raitenbuch.

Granit wieder aufgebaut. Die Umwandlung in die Badische Staatsbrauerei Rothaus AG, die sich heute fast zu 100 Prozent im Besitz des Landes Baden-Württemberg befindet, erfolgte 1922. Die Qualität des Bieres ist über weite Grenzen hinaus bekannt (sieben Quellfassungen im Steina-Lenzkirch-Schluchseegebiet).

– Cyriak-Kapelle auf dem Dürrenbühl an der Straße nach Faulenfürst, die vermutlich von Bergleuten 1656 errichtet wurde. Ein Umbau erfolgte um 1720. Eine Außenkanzel aus

Buntsandstein trägt die Inschrift: B(lasius) A(bbas) S(ancti) B(lasii) sowie den springenden Hirsch (St. Blasien) und drei Bohnenstauden (Bonndorf). Am 8. August (Cyriaktag) findet eine Wallfahrt statt, um Unheil vom Stall fernzuhalten. Nach altem Brauch begann nach dem Mittagläuten die Getreideernte auf den Dörfern auf dem Wald.

Schluchsee
– Schule für schöpferisches Gestalten der Lehrmeisterin Angelika Khan-Leonhard direkt am Seeufer (Wolfsgrund).

St. Blasien
– Münster mit Kuppel nach dem Vorbild des Pantheon-Klosters.

Rothaus: das Hüsli, Heimatmuseum und zeitweise Drehort der Fernsehserie »Schwarzwaldklinik«.

Madonna mit Kind (Figuren an der Hauswand gegen Unheil – Brauchtum im Schwarzwald).

– Museum des Landkreises Waldshut (Öffnungszeiten: täglich außer Montag 10–12 und 14.30–17.30 Uhr).

Steinatal

– Burgruinen Roggenbach und Steinegg (12. Jahrhundert). Von der Burg Steinegg ist nur noch der Bergfried übriggeblieben, der einst aus fünf Geschossen bestand. Der Turm weist einen quadratischen Grundriß auf, dessen Mauern drei Meter dick sind. Die Mauer ist aus behauenen Sandsteinquadern aufgesetzt, während Bruchsteine das Baumaterial für die Burgmauern bilden.
Die Steina (bis 1161 Roggenbach genannt) umfließt den Burghügel Roggenbach in einem Bogen nach Westen. Von der Burg sind noch zwei Turmstümpfe erhalten. Der südliche Turm – Grüningen genannt – ist über eine Treppe zugänglich, die zum Turmeingang in 10 Meter Höhe führt. Der Name Weissenburg für den nördlichen Turm, in den man 1908 einen Eingang durch die 2,8 Meter dicke Mauer gebrochen hat, stammt von einem Zweig der Familie von Krenkingen-Weissenburg ab, die sich hier niederließ, nachdem Rudolf von Habsburg ihren Stammsitz Weissenburg bei Weisweil im Klettgau 1288 zerstört hatte. Die beiden Türme sind durch eine 6 Meter hohe und unten 2,2 Meter dicke Mauer miteinander verbunden. Beide Burgteile besaßen je einen Pallas und ein Burgtor. Von Norden führt ein Brücke über einen künstlichen Halsgraben in die Vorburg. Die Herren von Krenkingen-Weissenburg überfielen im 15. Jahrhundert mehrmals Höfe des Klosters St. Blasien. Zur Bestrafung wurde die Burg 1438 im Auftrag des Klosters von Werner von Staufen mit seiner Mannschaft zerstört. Sie wurde zwar wieder aufgebaut, dann jedoch im Bauernkrieg 1525 geplündert und in Brand gesetzt. Danach blieb sie Ruine. Mit Abt Martin von Krenkingen-Weissenburg, der für das Kloster Reichenau verantwortlich war, erlosch 1508 dieses Geschlecht. Die Burg war bis zur Plünderung im Besitz der Familien von Lichtenstein, von Rysek und der Grafen von Lupfen.

Idylle am Wildehof.

Tiengen

– Älteste städtische Siedlung (Stadtgründung um 1229) zwischen Schaffhausen und Bad Säckingen mit sehenswerter Altstadt. Kein Gebäude ist aus der Zeit vor 1499 erhalten. Das »Bemalte Haus« von 1503 in der Zubergasse am Ende der 200 Meter langen Hauptstraße dürfte das älteste Gebäude sein. Mehrere Hauswände zeigen Darstellungen aus der Stadtgeschichte. Zwei barocke Stadtbrunnen. Das Rathaus ist ein Bau aus dem Jahre 1602, der 1827 eine klassizistische Fassade erhielt.
– Residenzschloß der Fürsten von Schwarzenberg (nach 1687), das nach dem Brand 1641 in der alten Form wieder errichtet wurde. 1806 kamen das Schloß und die Stadt an das Großherzogtum Baden. Das Schloß ist eine um 1100 von den

Herren von Krenkingen erbaute Burg, die von einer Mauer umgeben war. Nach 1413 fiel die Burg an die Grafen von Sulz, die dort bis 1687 lebten. Wiederaufbau des Schlosses und der Stadt nach der Zerstörung durch die Eidgenossen am 24. April 1499. Über der Toreinfahrt das Wappen von Rudolf von Sulz (1559–1620) in der Mitte, daneben die Wappen seiner beiden Frauen Barbara von Staufen (rechts) und Agatha von Limpurg (links), zur Stadtseite das Wappen von Josef von Schwarzenberg mit der Jahreszahl 1770.
Die Mauern des Schlosses und vielfach die Fundamente der Häuser bestehen aus Muschelkalk. Man verwendete auch Grundgebirgswacken aus der Steina. Von der mittelalterlichen Stadtbefestigung ist der Storchenturm mit seinem Holzaufbau aus dem 18. Jahrhundert übriggeblieben.
- Pfarrkirche Marien, ein Spätwerk des Vorarlberger Meisters Peter Thumb.

Todtmoos
- Pfarr- und Wallfahrtskirche Mariä Himmelfahrt, 1627 erbaut, im 18. Jahrhundert barock umgestaltet.
- Prioratsgebäude, von Johann Michael Beer von Bleichten 1733 erbaut als Pfarrhaus.

Todtnau
- Bergbaulehrpfad: Ausgangspunkt ist der Hasenhorn (1158 m), der zu Fuß oder mit dem Lift zu erreichen ist. Auskünfte über sachkundige Führungen erteilt der Verkehrsverein (Telefon: 07671/375). Zunächst geht es in Richtung Gisiboden. Nach etwa 800 Meter kreuzt man einen Erzgang. Das Mundloch des St.-Barbara-Stollens befindet sich fast 220 Meter senkrecht darunter. An einer Wegkreuzung angekommen, führt der Zimmerwinkelweg abwärts bis zur sogenannten »Dicken Tanne«. Hier im Mauswald wurde im 18. und 19. Jahrhundert silberhaltiger Bleiglanz abgebaut. An weiteren Mineralien kommen Quarz, Kupferkies, Fluß-, Kalk- und Schwerspat vor. Eine Karte zeigt den Verlauf des Erzgangs, der durch vier Stollen mit einer Gesamtlänge von 1800 Meter erschlossen war. Weiter abwärts läßt sich der

Gangverlauf an der Oberfläche durch kesselförmige Erdeinbrüche, sog. Pingen, ausfindig machen. Am Weierenweg liegt verborgen und fast nicht erkennbar der St.-Maria-Stollen, der mit 600 Metern (300 Klaftern) längste Stollen. Im Jahre 1755 wurde er von dem Tiroler Bergknappen Caspar Berg wieder in Betrieb genommen. Nicht allzu weit entfernt liegt eine Abraumhalde, die zum St.-Johannes-Stollen gehört. Eine Brücke führt über den Maustobel. Auf der westlichen Seite bringt uns ein schmaler Steg zum St.-Barbara-Stollen. Seit 1847 dient er als Brunnstube für die Wasserversorgung von Todtnau. Unterhalb der Brücke liegt der nicht einsehbare St.-Nikolaus-Stollen, der nach 260 Meter aufgelassen wurde. Auf unserem Weg sehen wir den Ortsteil »Poche«. Der Name geht auf Pochen (Erzwaschen) zurück. Im 18. Jahrhundert gab es hier ein Pochwerk und ein Schmelzwerk mit Treibofen, in dem die Trennung des Bleis vom Silber erfolgte. Das heutige Hotel »Waldeck« war früher das Verwaltungsgebäude des Bergwerks (1763), wo den Bergleuten auch Wein ausgeschenkt wurde.

Todtnauberg

– »Heidegger-Hütte«.

Waldshut

– Sehenswerte Altstadt (1245), die man über eine 1887 errichtete Steinbrücke (1931 umgebaut) über den 20 Meter tiefen Seltenbach erreicht. Früher gab es an dieser Stelle eine Zugbrücke. Die ehemaligen Brunnenfiguren der Stadtbrunnen (Sebastianbrunnen beim Oberen Tor, Marien[Fisch-]brunnen vor dem Rathaus, Rochusbrunnen in der Unterstadt) und die Nepomuk-Figur von einer Hofmauer verzieren heute das Brückengeländer.

  Durch das Obere Tor oder Schaffhauser Tor mit einer Inschrift an der Außenseite und dem Bild des Waldmännle mit Stab und breitrandigem Hut (1273) zur Stadtseite, das bis 1864 Stadtgefängnis war und heute als Museum der Narrenzunft dient, betritt man die Kaiserstraße, an deren Ende das Untere oder Basler Tor steht mit dem österreichischen Wap-

Hans Thoma: *Die Lautenspielerin.*

pen an der Innenseite und mit zwei eingemauerten Steinkugeln an der Außenseite als Erinnerung an die vergebliche Belagerung durch die Eidgenossen vom 22. Juli bis 27. August 1468 (Chilbi – Waldshuter Volksfest, jeweils am dritten Sonntag im August).

Auf der Kaiserstraße unterscheidet man die Sonnen- und Schattenseite. Geschäftsleute und Handwerker bewohnten die Sonnenseite, wo sich auch das 1780 fertiggestellte spätbarocke Rathaus mit dem Stadtwappen befindet (links das österreichische Bindeschild mit dem Habsburger Löwen, rechts das Waldmännle).

Manche Häuser besitzen bemalte Fassaden und Hotzenhauben mit einem »Guggehürle« unter dem Giebel, um Heu, Brennholz oder andere Vorräte heraufziehen zu können.
Im Gasthof »Zum Wilden Mann« gab es die Zunftstube »Zum Kutzhut«. Die Zünfte wurden 1837 aufgelöst. »Zum Rüden« gehörten Bäcker, Metzger und Fischer, »Zum Kutzhut« Schuster, Kürschner, Gürtler, Sattler und Gerber und »Zur Herrenstube« die Kaufleute. Dagegen besteht die »Junggesellenschaft« noch heute.
Am Oberen Tor schließt sich ein barockes Patrizierhaus (das Kilianische Haus) an. Am Johannisplatz reihen sich der Bläsihof, das Greiffenegg-Schlößchen, die frühere Waldvogtei und das Denkmal mit dem Chilbibock ein.
Parallel zur Kaiserstraße verlaufen die Wall- (Hintergasse) und die Rheinstraße. Auf letzterer befindet sich in der Nähe des Unteren Tores ein Spital (Krankenhaus und Altersheim) aus dem Jahre 1411, das seit 1422 eine Kapelle besitzt.

Zurzach

- Pfarrkirche St. Verena, erbaut über dem Grab der heiligen Verena (Verenatag am 1. September).
- Thermalbad (1970).

Todtnauberg – »Heidegger-Hütte«

In Meßkirch, das zu Südbaden gehört, wurde Martin Heidegger 1889 geboren und wuchs im schwäbischen Sprachraum auf. Das »Alemannische« in ihm verstärkte sich in der Zeit, die er im Schwarzwald verbrachte. Ab 1952 bis zu seinem Tod im Jahre 1975 bewohnte er während der Ferienwochen und an Feiertagen, später sogar häufiger, die Hütte in Todtnauberg: eine winzige Hütte mit einem kargen Arbeitsraum. Beliebt für Gespräche und zum Nachdenken war die Fensterecke.

Martin Heidegger in seiner Hütte in Todtnauberg.

Heidegger liebte das Wandern und das Skilaufen. Seine Kleidung war einfach. Meistens trug er Kniebundhosen mit langen Strümpfen und eine Weste, die er auch bei den Vorlesungen anhatte.
Es wäre naiv, sich vorzustellen, sein Denken und Leben seien nur in dieser Landschaft verwurzelt gewesen. Das alleinige Bild vom rucksackbehängten Schwarzwald-Wanderer wird seinem Lebensweg nicht gerecht. Aber soviel ist richtig: Heidegger zog aus dieser Landschaft als Feldwegwanderer seine Kraft.
Sein Denken, seine Lehre und seine Philosophie haben das 20. Jahrhundert mitgeprägt. Sein bedeutendstes Werk ist *Sein und Zeit*, dessen Charakter eher individualistisch zu nennen ist.
Erst nach 1929 fand er zu einer mehr kollektivistischen Daseinsanalyse. Dies entsprach dem damaligen Zeitgeist, dem Heidegger nicht widerstehen konnte. Vielleicht sah er in ihm einen Ausweg. Denn mit seiner konservativen Kulturkritik stand er den Erscheinungen der Moderne sehr skeptisch gegenüber – der technischen Durchdringung des Daseins, dem Naturverschleiß, der Verfügbarkeit aller Dinge für alle, überhaupt dem Massenzeitalter und seiner Medienöffentlichkeit.
Heideggers Hütte in Todtnauberg wird das Ziel noch vieler Feldwegwanderer sein.

Die schwarzen Wälder

Die schwarzen Wälder aufwärts
In das nackte böse Gestein.
Es wachsen schwarze Wälder bis
In den kalten Himmel hinein.

Es schreien die Wälder vor Kummer
Von Frost und Oststurm zerstört –
Wir aber haben dort unten
Die flüsternden Worte gehört.

Die Bäche, die von dort kommen
Sind kalt, daß sie keiner erträgt.
Wir aber haben uns unten
In kältere Betten gelegt.

Sie sagen, man sieht dort nur Finst'res,
Weil Tannen vorm Lichte steh'n:
Wir aber haben dort unten
Das Schauspiel der Welt gesehen.

Sie sagen auch: Über den Wäldern
Drunten im Stein kommt nichts.
Da sind wir die Leute, hinüber-
zugehen ins Gestein gelaß'nen Gesichts.

Bertolt Brecht

Kulturelle Schätze

Im Südschwarzwald hat es sich der Schwarzwaldverein zur Aufgabe gemacht, die Verbundenheit aller Wanderer zu pflegen. Diese Vereinigung, die sich der Natur, der kulturellen Schätze und ihrer Erschließung für den Wanderer annimmt, wurde in dieser Region vor gut einem Jahrhundert gegründet. Der Schwarzwaldverein hat in der Vergangenheit tüchtige Arbeit geleistet, vor allem mit der Anlage, Erhaltung und Markierung von Wanderwegen und Pfaden über die Höhen und durch die Wälder dieser geologisch so vielfältigen, ja aufregenden Gegend.

Naturschönheiten, Beschaulichkeit und Wälderstille, aber auch kulturelle Schätze haben ihren Anteil daran, daß Baden-Württemberger und viele Besucher Glanz und ein wenig Sehnsucht in die Augen bekommen, wenn nur der Name »Hochschwarzwald« fällt. Denn dann denken sie an Wanderungen auf den Höhen, den Hochflächen, auf dem Feldberg oder Belchen, rund um die Seen, durch die Wutachschlucht und durch tief eingeschnittene Täler wie das Höllental. Es locken zum Besuch des etwa 100 Kilometer breiten Schwarzwaldstreifens die Berge und Höhenzüge mit ihren vielen Tälern, die Orte mit prächtigen Kirchen, Rathäusern und Gehöften, die Winzerdörfer mit winkligen Gassen, Marktplätzen und Fachwerkhäusern am Rande des Schwarzwaldes, die Wälder und vor allem die Ausblicke auf die fernen Alpen. Es lockt aber auch die Gastlichkeit. Trotz der vielen Kurzurlauber und Wochenendbesucher bleiben weite Teile des Südschwarzwalds ländlich, naturnah und still. Ein Paradies für Ruhe-Suchende, gestreßte Manager, aber auch für Familien mit Kindern. Auch unsere Nachbarn, die Schweizer, zieht es in diese Region.

Von welcher Himmelsrichtung der Besucher auch kommen mag, stets muß er durch Wälder fahren, um ins Innere des Gebietes zu gelangen. Nur durch Wälder lassen sich die oben beschriebenen Luftkurorte erreichen. Die prächtigsten Sehenswürdigkeiten in nächster Nähe sind eine barocke Kostbarkeit in Tiengen und der Kuppeldom in St. Blasien, der ein einzigartiges Denkmal früher klassizistischer Stilrichtung ist.

Ein Barockjuwel in Tiengen

Tiengen liegt bereits hinter der Hochfläche in der tiefen Rheinebene. Waldshut und Tiengen haben sich zu einem politischen Verbund zusammengeschlossen. Beides sind kleinere Städte, zwischen Rhein und dem südlichen Verlauf des Schwarzwaldes gelegen. Es gibt genügend Parkplätze, auf denen auch viele Autos aus der Schweiz zu entdecken sind. Doch es muß schon ein Regentag sein, der die Gäste Tiengens zu einem Besuch der dortigen Stadtpfarrkirche Mariä Himmelfahrt einlädt: Sie ist ein Werk des Baumeisters Peter Thumb aus den Jahren 1753 bis 1755, erbaut auf den Fundamenten einer Kirche, in der Bernhard von Clairvaux 1146 für den Kreuzzug gepredigt hat – eine saalartige Wandpfeilerkirche, die kunstgeschichtlich durch ihre vielen Embleme mit jeweils zwei Spruchbändern eine besondere Bedeutung gewinnt. Hier sei das Emblem mit dem Brunnen als Beispiel genannt:

> Dat omnibus affluenter. (Er gibt allen in Übermaß.)
> Bibe sat fontemque corona. (Trinke daraus reichlich und schmücke die Quelle.)

Der Geburtsort von Peter Thumb, dieses so berühmten Baumeisters, liegt im Bregenzerwald. Die dort ansässigen Menschen sind alemannischen Ursprungs und bis heute sehr bodenständig geblieben. Das früher so arme Gebiet hat Anschluß an das moderne Wirtschaftsleben gefunden, dabei aber die Vergangenheit nicht vergessen. Die meisten Orte des Waldes liegen im Talbett des Flüßchens Ache, das sich vom Hochtannbergpaß seinen Weg zum Bodensee geschaffen hat. An seinem Ufer verlief einst der Salzweg von Hallein bis zum Bodensee. Die Ortsnamen enden häufig auf »au«, wie z.B. Bezau, Bizau, Hittisau, Schoppernau und letztlich Au. Diese kleine Ortschaft Au kann sich rühmen, die Heimat der Barockbaumeister aus der Familie Thumb gewesen zu sein. Im Frühjahr zogen diese mit einem Häuflein Gesellen in den Schwarzwald, die Schweiz und ins Elsaß, um ihre großen Bauprojekte durchzuführen und im Winter als die »Erzähler aus der Fremde« zurückzukehren. Peter Thumb (* 18. 12. 1681, † 4. 3. 1766 in Konstanz) baute die nachstehenden Kirchen:

1704–1707 Klosterkirche Rheinau (Kanton Zürich)
1707–1711 Pfarrkirche Laachen (Kanton Schwyz)
1708–1712 Klosterkirche Ebersmünster (Elsaß)
1718–1719 Ettenheimmünster (Kreis Lahr)
1722–1731 Klosterkirche Freiburg-Günterstal
1724–1727 Klosterkirche St. Peter (Kreis Freiburg)
1725–1730 Klosterkirche Friedenweiler (Kreis Neustadt)
1728–1734 Stiftskirche Waldkirch (Kreis Emmendingen)
1737–1742 Klosterkirche St. Trudpert (Kreis Müllheim)
1739–1741 Klosterkirche St. Ulrich (Kreis Freiburg)
1746–1750 Wallfahrtskirche Birnau (Kreis Überlingen)
1747–1749 Pfarrkirche Hilzingen (Kreis Konstanz)
1750–1751 Pfarrkirche Mundelfingen (Kreis Donaueschingen)
1753–1755 Stadtpfarrkirche Tiengen (Kreis Waldshut)
1755–1760 Stiftskirche St. Gallen

Waldshut und Tiengen bilden – wie bereits erwähnt – eine Gemeinde am Südhang des Hotzenwaldes auf dem rechten Rheinufer. An der langen Hauptstraße in Waldshut befinden sich schön bemalte Häuser aus dem 16. bis 18. Jahrhundert und spätgotische Tortürme. Tiengen liegt im Talkessel der Wutach. Beide Städte haben sich zu Einkaufszentren mit geräumigen Fußgängerzonen entwickelt, die gern von nah und fern aufgesucht werden.
Der Mensch wächst heutzutage mit dem Auto auf. Wer es ihm wegnimmt, löst Konflikte aus. Wer es aus dem Stadtkern verbannt, muß den Wunsch des Menschen nach automobiler Bewegung durch eine Erlebniswelt ersetzen, die ihn zum Flanieren einlädt, zur Muße und zum Gespräch mit seinen Mitmenschen. So wurden die Fußgängerzonen geschaffen, mit ihrer

Entstehung kam es überall zu einer verkehrsmäßigen Stadtkernberuhigung. Aber dafür steigerte sich das gesellschaftliche Leben. Der Stadtkern ist nun eine Bühne, ein Foyer oder kommunikatives Begegnungszentrum geworden, in dem es lebendig und lustig wie in einem Theaterstück zugehen kann. Dann wird der Fußgänger zum Genießer der neuen umweltfreundlichen Umgebung und wird gern für längere Zeit auf das automobile Fortbewegungsmittel verzichten.
Waldshut und Tiengen – diese hübschen, gemütlichen Kleinstädte mit historischer Bausubstanz haben ihre Fußgängerzonen. Ihre winzigen Bachläufe erinnern an alte Zeiten. Ein wenig Grün gehört auch in das Bühnenbild hinein, aber keine hohen Bäume, die nur den Blick auf die bemalten Häuser mit ihren Erkern versperren würden.
Hier und da sieht man die trefflichen Holzgiebel, auch Hotzenhauben genannt, oder einen schönen gotischen Staffelgiebel.

Der Kuppeldom in St. Blasien

Der Dom ist ein bedeutender Bau des Frühklassizismus und mit dem Ort St. Blasien geschichtlich eng verbunden, da das Benediktiner-Kloster über Jahrhunderte hinweg die Landesherrschaft hatte. Die Gemeinde war dem Kloster untertan. Als die Mönche im September 1807 nach Österreich auswanderten und 1809 in St. Paul in Kärnten eine neue klösterliche Heimat fanden, verarmte die Gemeinde. Selbst die industrielle Nutzung der Klostergebäude konnte die wirtschaftliche Kraft des Klosters nicht ersetzen. Im Jahre 1933 übernahmen die Jesuiten aus Feldkirch das Kloster. Nachdem die Schule im Dritten Reich aufgehoben worden war, konnten Gymnasium und Internat 1946 wiedereröffnet werden.
Der Dom gehört seit der Säkularisation nicht mehr zum Kloster. Hier ist allein der Staat bau- und unterhaltspflichtig, so daß die Restaurierung des Domes dem Staat, die des Klosters der Kirche und die des Domvorplatzes der Gemeinde St. Blasien oblag, bis die Gemeinde den Platz gegen das ehemalige Marschallgebäude aus Klosterbesitz eintauschte, um darin ein Haus des Kurgastes einzurichten.

In der Mitte des 9. Jahrhunderts gründete Sigemar eine Albzelle und unterstellte sie der Abtei Rheinau. Zur Zeit der Übergriffe der Magyaren-Stämme (Steppennomaden, Ungarn) in der ersten Hälfte des 10. Jahrhunderts (Niederlage der Ungarn bei Augsburg 955) war das Kloster vorübergehend verwaist, bis Reginbert im Jahre 948 das Kloster wieder aufleben ließ. Es unterstellte sich im Laufe der folgenden Jahrzehnte immer mehr dem Schutz des Bistums Basel. Die Abhängigkeit von Basel dauerte bis etwa 1141.
Mittlerweile hatte sich das Kloster eine wirtschaftliche Machtbasis geschaffen, die es ihm erlaubte, durch Kauf der Grafschaft Bonndorf 1609 bis 1613 die politische Macht über den »Zwing

Hans Thoma: *St. Blasien.*

und Bann« hinaus zu untermauern. Unter Fürstabt Martin II. Gerbert (1720–1793) erlebte das Kloster eine Spätblüte. Ab 1728 errichtete der Architekt Johann Beer aus Bezau (1700–1767), Sohn des berühmten Baumeisters Franz Beer, um zwei ungleiche Innenhöfe einen eleganten Mittelbau in barockem Stil mit vasenbekrönter Dachbalustrade, mit üppiger Pilastergliederung und kunstvollen Wasserspeiern. Vom geräumigen Vestibül aus gelangt man über ein weites Treppenhaus ins erste Obergeschoß, wo sich heute die Hauskapelle befindet. Erhalten ist noch der Habsburgersaal mit einer reichen Ausstattung an Stukkaturen und Gemälden der Habsburger-Dynastie.

Die romanische Abteikirche ist bei dem Brand 1768 völlig zerstört worden. Dem Abt schwebte nun nach einer Italienreise eine Kuppelkirche vor, da ihm das Pantheon als das römische

Urbild aller Kirchen erschien. Er wollte die neue Kirche als Rotunde bauen und diese mit einem Mönchschor verbinden. Als Architekten gewann der Abt den französischen Baumeister Pierre Michel d'Ixnard auf Empfehlung des Fürsten Hohenzollern-Hechingen. Am 1. Oktober 1768 wurde der Vertrag geschlossen.

Der Dom in St. Blasien trat in die Entwicklungslinie der abendländischen Zentralbauten wie die alt-christliche Kirche S. Stefano in Rotondo, die Grabeskirche in Jerusalem und Bauten in Ravenna. Diese Reihe setzte sich in karolingischer Zeit mit den Bauten in Aachen, Fulda, Mettlach und später in Ottmarsheim fort. Während in der Zeit der Gotik eine andere Architektur vorherrschte, griff man in Italien während der Renaissance auf das antike Vorbild zurück. Die Barockzeit ist ohne diese Kuppelbauten gar nicht vorstellbar. Dabei ist die gleichmäßige Form des griechischen Kreuzes nicht immer vorrangig gewesen. Beim St.-Peters-Dom hat sich letztlich das lateinische Kreuz durchgesetzt. Im Klassizismus wanderte der Gedanke des Zentralbaus von Italien nach England, Amerika, Frankreich und Deutschland. St. Blasien verkörpert den Anfang des Klassizismus, ist dabei aber keine einfache Kopie des Pantheons.

Die Vorhalle hat an beiden Enden zwei wuchtige Ecktürme mit breitflächigen Feldern und rechteckigen Fenstern. Darüber befindet sich ein Freigeschoß auf zweistufigem Sockel mit Rundfenstern und Dekorationen. Hinter den Balustraden sind flache Turmkuppeln mit Sonnensternen zu sehen. Eine breite Freitreppe führt zur Eingangshalle, die auf sechs dorischen Säulen ruht. Der Mitteleingang mit dem Ovalmedaillon »Salvator mundi« ist hervorgehoben. Über dem Bau und der Fassade thront die Rundkuppel mit dem Reichsapfel als Hinweis auf das Kaisertum und die Beziehung des Klosters zum Kaiserhaus. Über dem Tambour, dem mit Fenstern versehenen Sockel, führt die Attikazone, die brüstungsartige Wand, zur Kalotte, der Kugelhaube, hinüber. Die stützenden Strebepfeiler tragen am Ende Vasen, die den Haubenansatz verblenden.

Durch das Hauptportal mit den Bildern von Maria und Josef betritt der Besucher den weiten Raum. Durch 17 Fenster des Tambourzylinders mit Stichkappen fällt reines Licht in die Kup-

pel, während die zwei Fensterreihen in der Wand den Kranz der 20 korinthischen Säulen beleuchten und das dekorative Muster des Steinbodens der Rotunde erhellen.
Das Problem eines kirchlichen Zentralbaus liegt in der Verbindung von Gemeinde und Chor, von Rotunde und Rechteck. Im Barock wurden die beiden strengen Formen, der Kreis und das Rechteck, durch das Oval umgangen. Dies konnte der Klassizismus nicht hinnehmen. Vielmehr mußten die Formen rein, ja sogar kompromißlos rein sein. D'Ixnard hat das Problem in der Weise gelöst, daß das Rechteck des Chores direkt an die Rotunde anstößt. Die Ganzheit eines Bauwerks wird allein durch das Maß erzeugt. Die Ausgewogenheit und Harmonie des Doms in St. Blasien ergeben sich aus den Proportionen. Der Radius des Kreises ist dabei das Modul. Der Chor ist gleich lang wie der Durchmesser des Säulenkranzes der Rotunde. Dem Modul entspricht auch die Höhe der Säulen, und »r« ist der halbe Durchmesser des Kuppelraums, wobei sich diese Strecke vom Hauptmittelpunkt der Kuppel bis zum Mittelpunkt der Säule mißt. Und zwei Radien hoch über dem Boden wölbt sich die Innenkuppel (35 m), die auf 20 freistehenden Säulen ruht. Die Gesamthöhe der Kirche bis zum Kreuz beträgt 64 Meter.
Die Rotunde und den Chor verband d'Ixnard durch einen Triumphbogen, was eine leichte Verengung an der Stelle bedeutet, wo sich beide Räume öffnen. Trotz der Verschiedenheit dieser Räume und des Gegensatzes ihrer geometrischen Formen entstand aufgrund des Grundmaßes dennoch eine Harmonie. Zwei Elemente erinnern an die barocke Zeit. Das frühere Deckengemälde, das durch den Brand 1874 zerstört wurde, wurde von W. Georgi (1909–1912) ersetzt. Das neue Gemälde stellt Mariä Himmelfahrt mit Engeln dar. Ebenso malte Georgi über dem Chorbogen die Legende von der Klosterwiedergründung durch den Ritter Reginbert von Seldenbüren aus dem Zürichgau im Jahre 948.
Die Weihe des Doms erfolgte 1783. Fürstabt Martin II. starb 1793, so daß ihm die 13 Jahre später erfolgte Säkularisation des Klosters und die Vertreibung der Mönche erspart blieben. 1809 wurde in St. Blasien eine Fabrik eingerichtet, und 1874 brannten die Klostergebäude nieder. Mit ihnen verbrannten

auch die Kirche und die verbliebene Ausstattung aus der Zeit d'Ixnards. Die Kirche wurde zunächst nur zum Teil wieder aufgebaut, aber nicht nach altem Vorbild.
Erst die Restaurierung 1981 bis 1983 hat der Kirche ihre Erhabenheit wieder zurückgegeben, so, wie es der Abt und sein Baumeister gewollt hatten. Sie strahlt Großartigkeit und Einfachheit aus. Die weiße Farbe entspricht der kühlen Herrschaftlichkeit des Klassizismus.

Schwarzwälder Uhrenschild, Mitte 19. Jahrhundert (Lackmalerei auf Holz), Deutsches Uhrenmuseum in Furtwangen.

In der Arbeitsgemeinschaft Deutsche Uhrenstraße (Rietstraße 8, 7730 Villingen-Schwenningen, Telefon 07721/82-311) haben sich dreißig Gemeinden zusammengeschlossen und die Deutsche Uhrenstraße eröffnet, die zwischen Titisee-Neustadt und Villingen-Schwenningen 290 Kilometer durch den Schwarzwald

Hinterzarten

Eine befreundete Familie aus Paris beendet ihren alljährlichen Urlaub an der Côte d'Azur jedesmal mit einigen geruhsamen Tagen in Hinterzarten, die sie dann regelmäßig im »Park-Hotel Adler« verbringen. Schon seit 1957 kenne ich diese Familie – damals begegnete ich ihr als Student –, und wir haben bis heute guten Kontakt.
Hinterzarten mit einer Höhenlage von 900 Meter ü. d. M. gehört mit zu den schönsten Orten des Südschwarzwaldes. Trotz der Eleganz hat der Ort, ebenso wie Häusern, den Charakter eines ländlichen Idylls bewahrt. Ländlicher und rustikaler sind nur noch Menzenschwand und Brenden. Um die Wallfahrtskirche mit Zwiebelturm gegenüber dem »Park-Hotel Adler« liegen Hotels, Villen und Höfe unter Walmdächern weit verstreut.
Die lockere Bebauung hatte ihren Ursprung vor mehreren hundert Jahren, als das Gebiet in 30 bis 40 Hektar große landwirtschaftliche Grundstücke aufgeteilt wurde. Die Höfe reichten jeweils von der Krone des Waldes bis zu den Matten des Tales. Holz- und Viehwirtschaft ernährten immer nur eine Familie, weshalb die Höfe auch nie der Erbteilung unterworfen wurden. Die Geschwister auf den Höfen, die von der Erbschaft nicht bedacht wurden, führten Heimarbeit aus. Dies kam der Uhren-

führt: Furtwangen (Deutsches Uhrenmuseum), Schönwald (175 Jahre alte Uhrenfabrik Wehrle), Schonach (die größte Kuckucksuhr der Welt), Triberg (Schwarzwaldmuseum und die 80 Jahre alte Kuckucksuhrenfabrik von Hubert Herr, der alles in Handarbeit aus massivem Tannen- und Lindenholz anfertigt), Königsfeld (Schilderuhren von Peter Auber gemeinsam mit dem Schildermaler Robert Sayer), St. Georgen (Heimat- und Phonomuseum; 1751 brachten zwei Händler aus St. Georgen die Schwarzwälder Kuckucksuhr nach Amerika) und Schwenningen (Uhren- und Elektronikunternehmen Kienzle mit der Möglichkeit einer Werksbesichtigung).
Das Geheimnis des Kuckucksrufes besteht darin, daß sich zwei Blasebälge, von Gewichten getrieben, mit Luft füllen und einen kurzen Luftstoß in zwei Pfeifen erzeugen, die wie der Kuckucksruf aufeinander abgestimmt sind.

industrie und dem Hotelgewerbe zugute. Die Höfe selbst zeigen heute Spuren der Agrarkrise. Der Schiefer verdrängt mehr und mehr die Schindeln. Doch auch dieser wird allmählich zu teuer.
Die Hochmoore bieten dem Wanderer eine mannigfaltige Fauna und Flora. Wer möchte dies alles nicht erkunden! Heiligenbrunnen, Breitenau, Windeck, Erlenbruck, Hasenmühle, Bärental, Feldseemoor, Rinken, Feldberg und der nahe Titisee mit seinem moor- und tanninhaltigen Wasser sind begehrte Wanderziele in dieser anmutigen Landschaft. Durch den Titisee (im 11. Jahrhundert noch als Titunsee bezeichnet), ein ehemaliges Gletscherbecken, fließt der vom Feldberg durch den Feldsee herabkommende Seebach, der am östlichen Ufer als Gutach heraustritt, ab der Kappel-Gutachbrücke in die Wutach übergeht und bei Waldshut in den Hochrhein mündet.

Die *Schwarzwälder Trachten* werden im Alltagsbild immer seltener. Bollenhüte ▷ tauchten gegen Ende des 17. Jahrhunderts auf und sind lediglich in den drei Gemeinden Gutach, Kirnbach und Reichenbach noch zu Hause. Auf ein kunstvolles Strohgeflecht werden elf Wollkugeln (rote für Mädchen, schwarze für verheiratete Frauen) aufgenäht. Der Hut wiegt zirka zwei Kilogramm. Unter dem Hut wird eine seidene Kappe mit kleinem Schleier getragen, der unter dem Kinn verknüpft wird. Zum faltenreichen, schwarzen Rock trägt man in derselben Farbe eine seidene Schürze, eine weiße Bluse mit Puffärmeln, ein Leibchen aus geblümtem Samt und den Goller, der den viereckigen Halsausschnitt verdeckt. Er besteht aus einem Halskragen mit bunten Bändern. Zur Tracht gehören weiße Kniestrümpfe und schwarze Schuhe.
Die *Markgräfler Tracht* ist schwarz. An der Kleidung fallen lediglich die großen Flügelhauben (Chappi) auf, das sind riesige, einen halben Meter breite Schleifen mit langen Seidenfransen an den Seiten. Ein Schultertuch ergänzt die Tracht.
In der Gegend von St. Peter und St. Märgen tragen die Frauen eine Bänderkappe oder weiße, oft auch schwarze, mit Samt überzogene Strohhüte. Auch der Schäppel ist hier bekannt. Er besteht aus einem Gestell aus gebogenen Metallstäbchen, das zu einer Krone geformt ist und mit roten Bändern umwickelt wird. Darin werden Hunderte von kleinen bunten Perlen eingeflochten.
Die Gutacher Buben und Männer tragen ein weißes Hemd mit schwarzem Schlips, eine schwarze Samtweste, einen bis zur Wade reichenden rotgefütterten Mantel aus schwarzem Samt, weiße Strümpfe und einen hohen Trachtenhut mit breiter Krempe.

Wutach-/Gauchachschlucht

Eine einzigartige Flußlandschaft im Schwarzwald! Vielfältig wie der Lauf der Wutach ist die Namenfolge. Als Seebach fließt sie vom Feldsee abwärts, als Gutach verläßt sie den Titisee, und nach dem Zusammenfluß mit der Haslach strömt sie als Wutach (wütendes Wasser) weiter. Zur Zeit der Schneeschmelze macht sie diesem Namen alle Ehre, während sie in den Sommermonaten eher zahm wirkt.
Diese Region ist ein Naturschutzgebiet. Auf kleinstem Raum wechseln feuchte Schluchtwälder mit orchideenreichem Wald auf Muschelkalk, Trollblumenwiesen mit trockenen Wiesen voller Küchenschellen und Frühlingsenzian. Mehr als 1200 Pflanzenarten gedeihen an den Ufern der Wutach. Neben einheimischen und alpinen Gewächsen stehen Nachkömmlinge eiszeitlicher asiatischer Steppenflora. An die 500 verschiedene Schmetterlingsarten fliegen durch den »Cañon«.
Reh und Gemse, Fuchs und Dachs haben hier eine Heimstätte. 100 Vogelarten finden hier ihren Lebensraum, vom Turmfalken bis zum Eisvogel. Auf fast 20 Kilometern folgen Granit, Buntsandstein, obere Muschelkalkzone, Keuper- und Jurazone dicht aufeinander.
Der Wanderer nimmt seinen Weg von Lenzkirch-Kappel über die Schattenmühle und Bad Boll bis zur Wutachmühle. Der Pfad führt an herrlichen Schönheiten vorbei über eine Strecke von 24 Kilometern. Entlang der Haslach ist bald die Einmündung der Gutach erreicht, und schon beginnt die Wutach. Kaum ein Sonnenstrahl dringt durch das dichte Blätterwerk in die Schlucht. Weiter geht es vorbei an der wildromantischen Rötenbachschlucht und der überdeckten Stallegger Holzbrücke. Auf dem Nägelefelsen (Nägele=Pfingstnelken) wird gerastet.
Auf diesem Felsen steht die im 14. Jahrhundert erbaute Burg Blumegg, die wahrscheinlich im Bauernkrieg zerstört wurde. Später diente sie Räubern als Unterschlupf, was ihr den Namen

Bootsfahrt auf dem Titisee (alte Ansichtskarte).

»Räuberschlößle« einbrachte. Nur noch wenige Mauerreste sind bis heute erhalten geblieben.
Weiter geht es auf dem schmalen Pfad entlang der Wutach zur Schattenmühle. Südwestlich davon endet die wilde Lothenbachklamm, eine scharf in Gneis geschnittene Schlucht mit Wasserfällen.
Erst ab Bad Boll, einem um die Jahrhundertwende weit bekannten Schwefelbad, das heute nahezu verfallen ist, beginnt der 1904 in Felsen gehauene »Ludwig-Neumann-Weg«. Eine gut gesicherte Galerie führt durch die Felswand hoch über dem Fluß, bis der Pfad das Talniveau erreicht, wo die Wutach in einem Kiesbett versickert und nach einigen hundert Metern wieder hervorsprudelt. Der »Rümmelesteg« überbrückt die Wutach bei höherem Wasserstand. Am Ende der Wanderung lädt die Wutachmühle zur Einkehr ein.

Burgruine Blumegg.

Der Schwarzwälder im Breisgau

Z'Müllen an der Post,
Tausigsappermost!
Trinkt me nit e gute Wi!
Goht er nit wie Baumöl i,
z'Müllen an der Post!

Z'Bürglen uf der Höh,
nei, was cha me seh!
O, wie wechsle Berg und Thal,
Land und Wasser überall,
z'Bürglen uf der Höh!

Z'Staufen uffem Märt
hen sie, was me gert,
Tanz und Wi und Lustbarkeit,
was eim numme 's Herz erfreut,
z'Staufen uffem Märt!

Z'Friburg in der Stadt
sufer ischs und glatt,
riche Here, Geld und Guet,
Jumpfere wie Milch und Bluet,
z'Friburg in der Stadt.

Woni gang und stand,
wär's e lustig Land.
Aber zeig mer, was de witt,
numme näumis finde nit,
in dem schöne Land.

Minen Augen gfallt
Herischried im Wald.
Woni gang, se denki dra,
's chunnt mer nit uf d'Gegnig a,
z'Herischried im Wald.

Imme chleine Huus
wandelt i und us –
gelt, de meinsch, i sagder, wer?
's isch e Sie, es isch kei Er,
imme kleine Huus.

Johann Peter Hebel

Rümmelesteg in der Wutachschlucht.

Wasserfall in der Lothenbachklamm. ▷

Wächterruf

Loset, was i euch will sage!
D'Glocke het Zehni gschlage.
Jez betet und iez göhnt ins Bett,
und wer e rüeihig G'wisse het,
schloft sanft und wohl! Im Himmel wacht
e heiter Aug die ganzi Nacht...

Loset, was i euch will sage!
D'Glocke het Drü gschlage.
Die Morgestund am Himmel schwebt,
und wer im Friede der Tag erlebt,
dank Gott, und faß e frohe Mueth,
und gang ans G'schäft, und – halt di guet!

Johann Peter Hebel

Gletschermühle bei Ibach.

Hexenlochmühle bei St. Märgen.

Weihnachten in dörflicher Umgebung

Weihnachten

Markt und Straßen stehn verlassen,
Still erleuchtet jedes Haus,
Sinnend geh ich durch die Gassen,
Alles sieht so festlich aus.

An den Fenstern haben Frauen
Buntes Spielzeug fromm geschmückt,
Tausend Kindlein stehn und schauen,
Sind so wunderstill beglückt.

Und ich wandre aus den Mauern
Bis hinaus ins freie Feld.
Hehres Glänzen, heilges Schauern,
Wie so weit und still die Welt!

Sterne hoch die Kreise schlingen,
Aus des Schnees Einsamkeit
Steigt's wie wunderbares Singen –
O du gnadenreiche Zeit.

Joseph von Eichendorff

Das Gedicht *Weihnachten* von Eichendorff stand in meinem Volksschullesebuch und war zum Heiligen Abend aufzusagen. Jeder Pädagoge hätte seine Freude an uns Schulkindern gehabt, wenn er das Vortragen dieses Gedichtes miterlebt hätte.

Eichendorffs Gedicht berührt mich heute noch auf kindliche Weise. Es sind keine heftigen Anstöße nötig, um Weihnachten herbeizuzaubern. Es genügt die Vorstellung, einsam durch ein winterliches Dorf zu spazieren, an Bauernhöfen und Häusern vorbei, aus denen die beglückende Freude der Kinder an ihren Geschenken hervorsprudelt.

Mich fasziniert an Eichendorffs Gedicht dieser einsame Mensch, der aus der Umfriedung aufs freie Feld hinauswandert, dorthin, wo er die Weite, die Stille einer verschneiten Landschaft erlebt, die Töne hervorzaubert. Eine »gnadenreiche Zeit«, die den Verlassenen, den Verlorenen umgibt.

Wie gern wäre ich als Kind ganz allein durch die verschneite Landschaft gewandert, mit einer Fackel in der Hand, die mir mit ihrem Schein den Weg ausgeleuchtet hätte! Nicht ein einziges Mal ist es mir gelungen, diesen Traum der Kindheit zu verwirklichen. Erst waren es die Umstände des Krieges, der Nachkriegszeit und des Berufes, die es nicht zuließen, und als geschäftiger Familienvater befaßt man sich am Heiligen Abend noch wenige Minuten vor der Bescherung mit dem Aufstellen des Christbaums, dem Anordnen der Geschenke unter dem Tannenbaum, rund um die Wurzelkrippe mit holzgeschnitzten Figuren, und dem Bereitstellen der Getränke.

Und so sieht Weihnachten in einem Schwarzwälder Bauernhaus aus: Unter dem Herrgottswinkel befindet sich die Kunscht mit dem Wasentisch, der von der Mutter feierlich gedeckt wurde. Auf ihm stehen kleine Engel, die in der Hand eine lange, dünne Bienenwachskerze tragen. Mitten auf dem Tisch brennt eine Rodelkerze, aus einem dünnen Kerzenstrang handgefertigt und zu einem Kegel geformt. Es ist ein Wachsstock aus Urgroßmutters Zeiten, der einen Hauch von Behaglichkeit in den Raum zaubert. Er spendet Licht, in dem man ihn in einer Länge von fünf bis zehn Zentimeter abrollt, mit leichtem Druck geradestellt und von Zeit zu Zeit nachzieht.

Der Weihnachtsbaum steht im Kaminzimmer. Kerzen- und Gewürzkuchengeruch erfüllen den offenen Raum, der durch die festlich geschmückte, mit Weihnachtskugeln aus Omas Zeiten behangene Fichte in ein verzaubertes Märchengemach verwandelt zu sein scheint. Der Vater öffnet, nachdem ein Glöck-

Ricardas Brünnle im Wandel der Jahreszeiten.

lein ertönt ist, die Tür zum Schlafzimmer, hinter der die kleine Tochter gewartet hat. Sie bewundert nun die brennenden Kerzen, die goldenen Kugeln, die von Zweig zu Zweig durchhängenden Lamettagirlanden, die vielen bunt bemalten Weihnachtsfiguren, die silberne Spitze mit weißgüldenem Engelshaar, die funkelnden, sternsprühenden Lichterkerzen und vor allem die Wurzelkrippe mit dem Jesuskindlein. Das Kaminfeuer flackert und erfüllt den Raum mit behaglicher Wärme. Weihnachten mitten in einer Winterlandschaft!

Wanderung im Markgräfler Land

Von Brenden, Häusern oder Höchenschwand ist das Markgräfler Land über St. Blasien, Todtnau durch das schöne Münstertal zu erreichen. Von dort erstreckt sich das Ländle von Bad Krozingen über das Zentrum Müllheim bis nach Efringen-Kirchen.
Der Name »Markgräfler Land«, genannt nach dem Markgrafen von Hachberg-Sausenberg, ist mit dem Markgrafen von Baden-Durlach verbunden, dem das Gebiet zwischen Rhein und Schwarzwald 1444 zugesprochen worden war. Die späteren Nachfolger, die Markgrafen von Baden, haben dieses Gebiet nicht mit Schlössern oder Residenzen bebaut. Dies entsprach ihrer schlichten Lebenseinstellung und letztlich auch derjenigen der Bevölkerung.
Sehenswert sind im Markgräfler Land kirchliche Bauten wie St. Trudpert im Münstertal, eine Klosteranlage im barocken Stil, erbaut von dem uns schon bekannten Vorarlberger Kirchenbaumeister Peter Thumb in den Jahren 1737 bis 1742. Älter als die Kirche ist die St.-Trudpert-Kapelle. Trudpert, ein irischer Mönch des 7. Jahrhunderts, soll an dieser Stelle von seinen Knechten erschlagen worden sein. Ihm zu Ehren hat man dieses Kirchlein errichtet.
Von der Residenz Heitersheim, dem Sitz der Fürstäbte des Malteserordens, sind nur noch Reste zu sehen. Die von Giovanni Gaspare Bagnato erbaute Propstei Bürgeln war eine Außenstelle des Klosters St. Blasien. Als einer der Bauherren ist Abt Gerbert abgebildet.
Schmale Straßen winden sich durch die Weinberge am Fuße des Schwarzwaldes entlang, steigen einen Hügel hinauf, sinken in eine Talmulde und gewähren immer wieder enge Ausblicke auf die gerasterten Rebflächen und Obstwiesen. Ab und zu taucht in einer Bergwelle ein kleines Winzerdorf auf. Die Dächer und die Kirchturmspitze leuchten wie farbige Punkte aus dem Grün. Unbefestigte Wege zweigen von den Straßen ab. Auf

den Wegweisern finden sich Namen – fast immer auf »-ingen« endend – alemannischen oder sogar keltischen Ursprungs. Vorbild der Kirchen mit ihren Einturmfassaden ist die St.-Cyriak-Kirche in Sulzburg, ein architektonisches Juwel aus ottonischer Zeit. Zu dem bekannten Gasthof »Hirschen« in Sulzburg gesellt sich als ganz besondere Sehenswürdigkeit noch ein im 16. Jahrhundert angelegter Judenfriedhof mit vielen hebräischen Inschriften. Sulzburg war nicht nur lange Zeit das Zentrum jüdischen Geisteslebens in diesem Gebiet, sondern auch bekannt wegen seines Silberbergbaus. Eine alte Münze dokumentiert die Anfänge des Bergbaus.
Das Markgräfler Land ist auch geologisch nicht uninteressant. Spuren von Vulkanismus sind in diesem Landstreifen anzutreffen. Zu erinnern ist hierbei an den vulkanischen Kegelberg in Staufen mit seiner Burgruine oder an die mineralhaltigen Thermalquellen in Bad Bellingen, Bad Krozingen und im berühmten Badenweiler, wo bereits die Römer eine großzügige Badeanstalt mit drei Becken betrieben. Nicht weit davon entfernt befindet sich das moderne Kurhaus am Rande des Kurparks mit altem Baumbestand.
Der Schwarzwald bildet die Grenze zum Osten hin. Wer im Sommer Schatten und Kühle sucht, begibt sich in den Wald. Daher suchen die Gäste von Badenweiler so oft den Blauen auf, mit 1165 Metern die südlichste Erhebung und zugleich der Hausberg des Markgräfler Landes. Der Belchen mit 1414 Meter ist der zweithöchste Berg des Schwarzwaldes und liegt mit seiner kahlen Kuppe südlich des Münstertales.
Das Markgräfler Land hat italienischen Charakter. Vielleicht hat es mit der Toscana mehr Ähnlichkeit als irgendein anderes Stück deutschen Landes. Es liegt an dem hellen Licht, das die Landschaft überflutet. Die Felder, die Bäche und die Pappeln, gruppiert oder hintereinander aufgereiht, wirken in diesem Sonnenlicht südländisch. Daher sieht auch der Wald, der Schwarzwald, dort nicht schwarz, sondern eher bläulich aus.
Was das Markgräfler Land darüber hinaus auszeichnet, ist der Wein. Weine wie der Gutedel und der Markgräfler sind die bekanntesten. Silvaner, Müller-Thurgau, Gewürztraminer, Riesling und Spätburgunder werden ebenfalls angebaut. Den hiesi-

gen Wein genießt man nach dem alemannischen Trinkspruch: »Sürpfle mösch, nit süffe.« Dem entspricht auch die Atmosphäre der Weinstuben – gemütlich und heimelig – und der Weindörfer wie Staufen, Betberg, St. Ilgen, Sulzburg, Britzingen, Laufen, Badenweiler, Auggen bis aufwärts nach Efringen-Kirchen. Dort stimmen noch die Verhältnisse. Ab und zu findet man Gehöfte im Geviert mit rundbogigem Doppeltor. Durch das kleinere Tor führten früher die ankommenden Gäste ihre Pferde zum Stall, während die größere Öffnung der Einfahrt von Getreide oder der geernteten Weintrauben diente. Auf dem mit Löß überlagerten Jurakalk wachsen die Reben bestens. Überall, auf den Hängen, den Anhöhen und in den Tiefen der Bodenwellen, gedeihen die Rebstöcke. Oft befindet sich in den Weingärten ein kleines Häuschen, das im Herbst vom »Bammert« bewohnt wird, der die Vögel von den edlen Weintrauben fernhält. Von dort bietet sich ein weiter Blick auf die Oberrheinische Tiefebene, deren Obst- und Getreidefelder sich schließlich in der Ferne verlaufen, während in der Mitte die Auenwälder auftauchen, hinter denen sich der Rhein und der Rhein-Rhône-Kanal verbergen.

Das Markgräfler Land ruht in sich. Es hat nichts Atemberaubendes mit seinen sanft geschwungenen Bergwellen. Doch die Landschaft ist anmutig und zugleich abwechslungsreich. Obstwiesen, Mais- und Getreidefelder, Äcker und die vielen Weinberge prägen sie. Die buntgeschmückten Häuser mit ihren gepflegten Vorgärten, die Staudengärtnerei der Gräfin von Zeppelin in Laufen, die Silberdistelzucht in Sulzburg, die vielen historischen Bauten und die bekannten Gasthöfe laden ein zum Verweilen. Eine Landschaft voller Anmut. Eine »italienische« Landschaft.

Ein Aperitif-Genuß aus dem Markgräfler Land

Frischen Mus aus schwarzen Johannisbeeren, Himbeeren, Birnen und Aprikosen je nach Geschmack im Glas verquirlen und mit Sekt aufgießen, und schon ist der »Markgräfler Aperitif« fertig, ein köstliches Vergnügen!

Auswahl von Sehenswürdigkeiten im Markgräfler Land

Auggen
– altes Weindorf.

Badenweiler
– Römerbad aus der Regierungszeit des Kaisers Vespasian (69–79).
– Burg Baden.
– Evangelische Kirche mit Fresken.
– Thermalquellen.

Bollschweil
– Herrenhaus der Freiherrn von Holzing-Berstelt.

Breisach
– Münster auf dem Burgberg.

Bürgeln
– Schloß im Rokokostil mit einem Spitzgiebel an der Eingangsfront und einer Hauskapelle mit goldfarbenem Altar. Das alles wirkt aber nicht überladen, sondern ist wie das Markgräfler Land von ländlicher Bescheidenheit. Im Mittelalter stand hier eine Kirchenburg der Herren von Kaltenbach. Wernher von Kaltenbach wurde Mönch in St. Blasien und schenkte die Burg 1125 dem Kloster mit der Auflage, daß dort eine Niederlassung der Benediktiner eingerichtet werden sollte.

Hausen
– Wohnhaus des Dialektdichters Johann Peter Hebel (* 10. Mai 1760 in Basel, † 22. September 1826 in Schwetzin-

gen; Grabmal in der Hildastraße im Park des J.-P.-Hebel-Heims). Alljährlich findet ein Hebel-Fest am 10. Mai in Verbindung mit dem Hebel-Mähli statt. Seit 1861 werden jeweils die zwölf ältesten Männer des Dorfes bewirtet.

Heitersheim
– Schloß mit Museum zur Geschichte des Malteserordens.
– Römische Funde (Palast und Reste eines Gutshofes einer »villa rustica«) – mit den Ausgrabungen ist noch nicht begonnen worden.

Höllstein
– Gotische Kirche, erbaut auf Fundamenten aus karolingischer Zeit.

Holzen
– Storchengehege.

Inzlingen
– Wasserschloß.

Istein
– Fachwerkhäuser aus dem 15. und 16. Jahrhundert (Arche aus dem Jahre 1533).
– Vituskapelle am Isteiner Klotz, einem 80 Meter aufragenden Jurafelsen.

Kandern
– Reizvoller Stadtkern (Blumenplatz, Rathaus, Fischermühle, markgräfliches Jagdschloß).
– Töpferwaren (im 16. Jahrhundert war Kaspar Stoß der erste bekannte Hafnerkünstler [Hafen=Topf], um 1900 wurde die Kanderner Keramik durch Max Laenger bekannt).
– Chanderli (Kandernbähnli).

Kirchhofen
– Schloß.
– Marienkirche.

Liel
– Kirche und Barockschloß.

Lörrach
– Volkskundemuseum am Burghof.

Munzigen
– Herrschaftshaus im Rokokostil im Besitz der Familie Kageneck.

Oberrimsingen
– Schloß.

Ötlingen
– Malerisches Weindorf.

Rheinweiler
– Rothbergsches Schloß im Barockstil.

Rötteln
– Burg, bis 1314 von den Herren von Rötteln bewohnt, dann von den Herren von Hachberg-Sausenberg, seit 1678 Ruine.

Schliengen
– Malerisches Weindorf mit dem Andlau-Schlößle.

Schopfheim
– Michaelskirche.
– Eichener See, der meistens nur ein kleiner Teich ist oder ganz verschwindet, sich zuweilen aber zu einem See ausdehnt.

Staufen
– Schloßberg mit Burgruine.
– Rathaus aus dem 16. Jahrhundert.
– Gasthaus zum Löwen. (Eine Tafel verkündet, daß hier 1541 der Alchimist Doktor Faustus vom Teufel geholt wurde. Es war eher ein fehlgeschlagenes Experiment, das ihn sterben ließ. Sein trauriges Schicksal begrub die große Hoffnung des

Markgräfler Land im Rauhreif in der Nähe von Laufen.

Burgherrn, aus seiner finanziellen Misere befreit zu werden, denn Faustus hatte ihm versprochen, Gold herzustellen. Jahrhunderte später hat Goethe ihm ein literarisches Denkmal gesetzt.)

– Wiiwegli. (In Staufen beginnt der 50 Kilometer lange Weinpfad durch die Wingerte der bekannten Markgräfler Lagen entlang der Vorberge. Wesen und Charakter des Markgräfler Landes sind mit dem Wein, besonders mit der Gutedeltraube, verbunden. Nach der Überlieferung soll sie ihren Weg von Asien nach Europa genommen haben, bevor sie Markgraf Karl Friedrich von Baden vor mehr als zweihundert Jahren vom Genfer See in sein Ländle gebracht hat.)

Stetten
– Schloß.

St. Trudpert
– Kloster.

St. Ulrich
– Kloster.

Sulzburg
– Judenfriedhof und Synagoge.
– Landes-Bergbaumuseum (ältestes Stadtsiegel mit Bergbausymbolen; im 15. Jahrhundert waren um 500 Bergleute in den Silber- und Erzgruben beschäftigt).
– Ottonische Klosterkirche St. Cyriak. Strenge Regeln und Maßstäbe verleihen romanischen Kirchen eine seltene Harmonie. Die Baumeister behalfen sich bei der Auslegung des Grundrisses mit Schnurgeometrie. Mit Schnur, Pflöcken und Richtscheiten wurde das Maßwerk festgelegt. Zirkel, Lineal und Papier waren die Werkzeuge der späteren Baumeister.
Ausgangspunkt bei allen Überlegungen des Kirchenbaus ist das Kreuz. Der Querbalken des Kreuzes stellt das Querschiff dar. Die in jener Zeit noch quadratische Vierung ergab sich in der Kreuzung der Balken. Das Querschiff entspricht in seiner gesamten Länge einer dreimaligen Vierung, wie dies die Aureliuskirche (siehe die Abbildung auf Seite 235) in Hirsau im Nordschwarzwald präsentiert. Die Längsausdehnung der Kirche entspricht in der Regel der Breite. Ein Beispiel für dieses ottonisch-romanische Maßwerk ist der Grundriß der Kirche St. Cyriak in Sulzburg, einer Pfeilerbasilika ohne Kapitelle.
Legt man ein vereinfachtes Maßwerk zugrunde, so läßt sich der Grundriß der Kirche nachvollziehen. Zuerst werden die Vierung und das Querschiff festgelegt. Dann wird ein gleichseitiges Dreieck auf der Grundlinie errichtet. Mit dem Scheitelpunkt des Dreiecks erhält man den nach Osten gelegenen Punkt der Kirche. Da der Chor einer Vierung entspricht, läßt sich darüber die halbrunde Apsis einzeichnen, deren Durch-

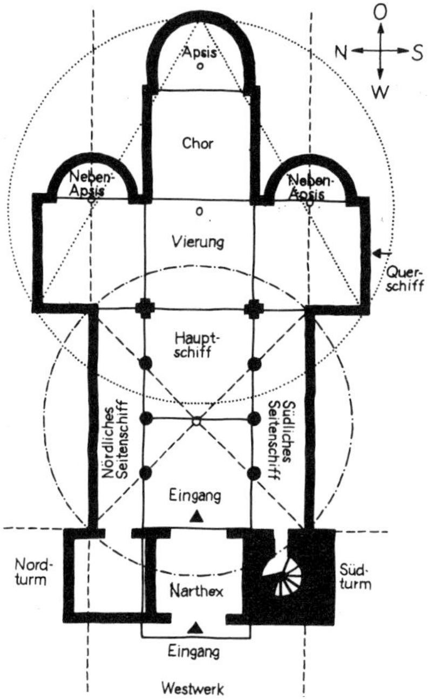

Aureliuskirche in Hirsau.

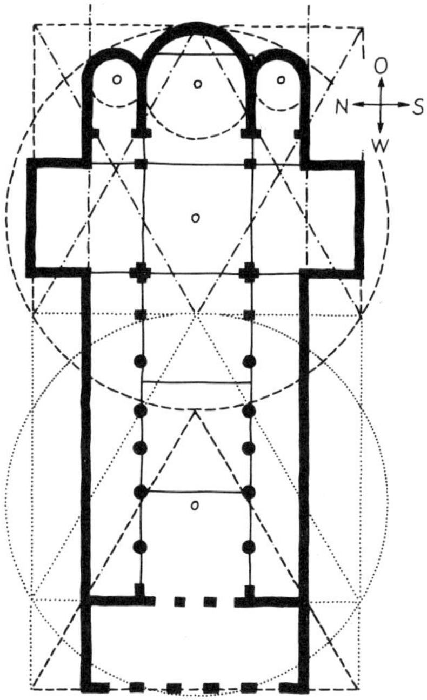

Klosterkirche in Alpirsbach.

messer der Harmonie wegen kleiner als die Vierungskante ist. Das Hauptschiff ist wiederum dreimal so lang wie die Vierung. Damit besteht das Kreuz der Kirche aus sieben Elementen. Die Seitenschiffe (siehe Abbildung oben) sind nach den damaligen Regeln der Baukunst nur halb so breit wie das Hauptschiff.

Wanderung durch den Hegau

In seiner *Topographia Suevia* spricht bereits Matthäus Merian 1643 von der Landschaft »Hegöw«. Der Hegau beherbergt eine Fülle von Sehenswürdigkeiten, die allzuoft auf der Wanderung seitlich liegenbleiben. Bekannt geworden ist die im Hegau zwischen Stein am Rhein und Radolfzell gelegene Halbinsel Höri u. a. durch die Bodenseegedichte Hermann Hesses, die dieser in den Jahren 1904 bis 1912 geschrieben hat, als er in Gaienhofen weilte. Höchste Erhebung des Hegaus ist der Schiener Berg, das Gegenstück zum Hohentwiel. Nicht weit von Gaienhofen liegt Horn an der Spitze der Halbinsel zwischen Zellersee und Untersee. Da die Kirche auf einer Anhöhe steht, versteckt hinter Obsthainen und Gärten, bietet sich dem Wanderer von dort aus ein herrlicher Blick auf den See und das gegenüberliegende Gestade. In Schienen selbst entdeckt man eine der ältesten Kirchen am Bodensee. Vor tausend Jahren dem heiligen Genesius geweiht, gehört sie zu den Sehenswürdigkeiten.

Wer über Tengen, das mit seiner Burg eher etwas verschlafen wirkt, dadurch aber nicht an Charme verliert, in den Hegau hineinfährt, erblickt vor Singen den bekanntesten Hegauberg, den 686 Meter hohen Vulkankegel Hohentwiel. Die frühere Burganlage wurde 1800 von den Franzosen zerstört. Ein steiler Weg durch die höchstgelegenen Weingärten Deutschlands führt an einem Gasthof vorbei, wo Joseph Victor von Scheffel seinen Roman *Ekkehard* geschrieben hat. Dieser handelt von der Liebe der Herzogin Hadwig zum jungen Mönch Ekkehard. Der mühsame Weg hinauf lohnt sich. Der Ausblick ist großartig: Man sieht die Berge Hohenstoffeln, Hohenkrähen, Mägdeberg und Hohenhewen sowie die Landschaft mit dem Flüßchen Aach, der Halbinsel Höri und dem Bodanrück.

Ich verbrachte meine Kindheit im Hegau. In Singen ist auch meine Schwester geboren. Ich erinnere mich noch gut an jenen

Idylle auf einem Bauernhof im Hegau.

Tag. Meine Großmutter backte für meinen Bruder und mich die bekannten »Dünnele« oder, wie mein Vater sagte, »Gesalbte«. Die beim Brotbacken übriggebliebenen Teigreste wurden ausgerollt, mit einer süßen Rahm-Eier-Auflage versehen und in den Ofen geschoben.
Es gibt heute noch Bäuerinnen, die das Brot selbst backen und die Teigreste für diese Fladen verwenden. Dabei verhält es sich so wie mit dem Zwiebelkuchen. Wird er in einem elektrischen Ofen gebacken, fehlt es ihm an dem herrlichen Geschmack, den uns das Holzfeuer geben kann. Dem französischen Phi-

losophen Michel de Montaigne sind diese Fladen auf einer Bodenseereise im Jahre 1580 aufgefallen. »Zum Frühstück«, so schreibt er, »gibt es flache, mit Fenchel, Speck und Knoblauch bestreute Brote.«

Man findet heutzutage Gasthöfe, die die »Dünnele« anbieten. Man bekommt sie jeden Donnerstag beim Kreuzwirt in Wiechs, das auf dem Weg von Singen nach Stockach liegt. Doch Wiechs sollte man nicht nur wegen der »Gesalbten« aufsuchen, sondern auch wegen der auf Schloß Wiechs eröffneten Kunstgalerie. Wechselnde Ausstellungen haben das Schloß Wiechs zu einem bekannten Anziehungspunkt werden lassen.

Westlich von Stockach, in der Nähe von Aach, befindet sich der bekannte Aachtopf, eine Quelle, die zum Teil von Donauwasser gespeist wird. Dieses versickert bei Tuttlingen und sprudelt beim genannten Aachtopf als Aach wieder hervor, durchfließt den Hegau und mündet in den Zellersee, nicht weit von Radolfzell entfernt.

Aach gehört wie auch Engen, Tengen und Blumenfeld zu den sogenannten schönsten Orten des Hegaus. Vor allem die Altstadt von Engen ist in den letzten Jahren restauriert worden, so daß auch noch heute die Bemerkung Goethes gilt, daß der Ort wegen seines »artig topographischen Bildes« einzigartig sei. Goethe machte diese Bemerkung 1797 auf seiner Reise in die Schweiz.

Der Ort Engen hängt wie ein Schwalbennest auf einem Bergvorsprung. Auf dem Bergrücken steht das Krenkinger Schloß. Der Marktplatz wird vom Renaissancegebäude »Zum Adler« beherrscht. Daneben befindet sich das Pappenheimer-Palais und gegenüber das Rathaus und die Basilika.

Die Häuser in der Altstadt sind Kunstwerke für sich mit bemalten Fensterläden, Fachwerkschmuck, Voluten oder Renaissancemalereien, mit ausgebauten Gewölben oder Erkern. Pflanzen schmücken die Gesimse, jede Hausecke, die Plätze und Alleen und das Gemäuer der Stadtbefestigung. Eine begrünte Stadt. Engen eignet sich als Ausgangspunkt für Wanderer in den wildromantischen Hegau und für Fahrten zum Bodensee und in die Schweiz.

Windiger Tag im Juni

Der See starrt wie Glas,
Am steilen Hügelhang
Weht silbern das dünne Gras.

Jammernd und todesbang
Schreit ein Kiebitz in der Luft,
Taumelt in zuckenden Bogen.

Vom anderen Ufer herübergeflogen
Kommt Sensengeläut und sehnlicher Wiesenduft.

Hermann Hesse

Reichenau

Die Insel Reichenau erreicht man mit dem Schiff oder vom Festland aus mit dem Auto über den »Philosophenweg«. Das Eiland wird vor allem wegen seiner Kirchen aus der Zeit der Karolinger und Ottonen aufgesucht: St. Georg (erbaut um 890) in Oberzell, das Marienmünster, ehemalige Abteikirche (um 724, letztmalig um 1045 erweitert), in Mittelzell sowie St. Peter und Paul (um 799, die heutige Basilika gegen Ende des 11. Jahrhunderts) in Niederzell.

Der heilige Pirmin, der aus Meaux an der Marne stammte, siedelte sich im Jahre 724 mit 40 Mönchen auf der »Sindleozzesauua« an. Nur drei Jahre lang hielt er sich dort auf. Herzog Theobald wies ihn von der Insel, um die Spannungen zwischen Franken und Alemannen zu mildern. Die Mönche blieben jedoch zurück und unterwarfen sich der Ordensregel der Benediktiner »ora et labora«. Das Kloster wurde später zur Reichsabtei erhoben.

Die Mönche nannten die Insel Ow, Auua, Aue, Augia oder Insula, dann Augia felix oder Augia dives. Daraus wurde Richenow und schließlich Reichenau. Die Reichenau erscheint in den Urkunden als »Augia«, die ringsum von Deutschland umgeben ist. In seiner *visio wettini* beschreibt Abt Walahfrid (842–849) die Augia mit folgenden Versen:

> Dort, wo der Rhein von den Höhen der ausonischen Alpen herabfließt, weitet er sich gegen Westen und wird zum gewaltigen Meere. Mitten in dieses Meeres Flut erhebt sich die Insel, Aue wird sie genannt, ringsum liegen Deutschlands Gebiete. Sie aber bringt hervor der Mönche treffliche Scharen. Erstmals baute auf ihr ein Kloster der heilige Bischof Pirmin und hütete dort drei Jahre hindurch seine Herde. (Übersetzung von H. Knittel, *Walahfrid Strabo, Visio Wettini,* Sigmaringen, 1986, S. 45)

Karl der Große fühlte sich mit dem Kloster eng verbunden. Er vertraute sich dem Abt Waldo (786–806) an und soll ihm den besiegten Sachsenherzog Widukind als Gefangenen übergeben haben. Der Nachfolger Heito I. (806–823) führte für Karl den Großen Verhandlungen in Byzanz. Von dort brachte er das Vierungsquadrat mit, das sich als Grundriß im östlichen Querhaus der Abteikirche (heute das Marienmünster in Mittelzell) findet. Heito I. war es auch, der die Sterbe-Vision Wettis, des Leiters der Klosterschule, niederschreiben ließ. Der junge Mönch Walahfrid faßte sie in tausend Hexameter. Diese *visio wettini* darf wegen der zeitkritischen Äußerungen als Vorläufer von Dantes *Göttlicher Komödie* angesehen werden.
Unter Abt Walahfrid (842–849) erlebte das Kloster seine Blütezeit. Als Erzieher von Karl dem Kahlen weilte er des öfteren am Kaiserhof in Aachen. Er ertrank im Jahre 849 in der Loire. Einer seiner Nachfolger, Abt Hato I. (888–913), war zugleich Mainzer Erzbischof und damit Erzkanzler. Er begleitete König Arnulf von Kärnten zur Kaiserkrönung nach Rom, übernahm später die Staatsgeschäfte für den unmündigen König Ludwig IV. und verhalf schließlich Konrad I. zur Königswürde. Auf der Insel ließ er die Kirche St. Georg in Oberzell erbauen. Die Vorhalle mit der Michaelskapelle wurde um 1080 errichtet.
Den künstlerischen Höhepunkt in Goldschmiedekunst und Buchmalerei erlangte das Kloster im 10. und 11. Jahrhundert. Abt Wittigowo (985–997) förderte vor allem die Buchmalerei. Einige liturgische Handschriften sind uns noch erhalten geblieben. An den Miniaturen orientierten sich die Freskenmalereien, die die St.-Georgs-Kirche und die Ostapsis von St. Peter und Paul schmücken. Die biblische Botschaft an den Wänden von St. Georg, die von Abt Wittigowo in Auftrag gegeben wurde, gehört zu den Kostbarkeiten der Reichenauer Kirchen. Neben der Malerei stand die Goldschmiedekunst in hohem Ansehen. Reichskreuz und Kaiserkrone sollen auf der Reichenau angefertigt worden sein. Im 11. Jahrhundert verfaßte Abt Berno (1008–1048) das *miraculum saeculi.* Der gelähmte Hermanus Contractus (1013–1054), ein Freund des Abtes Berno, begann die Niederschrift einer Weltchronik mit der Zeitrechnung »v. Chr.« und »n. Chr.« und komponierte das *salve regina,*

ein noch heute in der Kirche gern gesungenes Antiphon. Unter Abt Berno wurde die Abteikirche zu einer Basilika umgestaltet. Das Münster zeigt zwei Baustile: Drei romanische Schiffe werden von einem West- und Ostquerhaus begrenzt. Die Vierung und das Ostquerhaus sind heute der älteste Teil des Münsters. Der gotische Chor wurde von Abt Friedrich von Wartenberg (1427–1453) im Jahre 1447 begonnen.
Mit Abt Berno endete die Blütezeit der Abtei. Als 1414–1418 in Konstanz das große Konzil tagte, lebten nur noch zwei Mönche im Kloster. 1540 übergab Markus von Knöringen als letzter Abt das Kloster dem Konstanzer Bischof, bis es 1803 säkularisiert wurde. Der Großherzog von Baden wurde anschließend Herr des Münsters, das als Pfarrkirche dient.
Die Reichenau ist heute ein Anbaugebiet von Feingemüse und Obst. Von den 240 Hektar Gemüseland stehen 40 Hektar unter Glas. Die Emsigkeit der Reichenauer ist bewundernswert. Die Bewohner haben sich auf den Bedarf eingestellt und versuchen, das zu produzieren, was der Markt verlangt. Eine zentrale Einrichtung, die die Produkte frisch zu den nahen Verbraucherzentren bringen läßt, übernimmt die Vermarktung.
Die Lage und die Ruhe der Reichenau machen diese Insel zu einer Oase. Der Gnadensee im Norden, der Zellersee im Westen und der Untersee im Süden bilden einen Schutzwall gegen lärmende Übergriffe vom Festland. War im Mittelalter hüben und drüben Deutschland, so liegt heute am südlichen Ufer des Untersees die Schweiz als unser Nachbar.

Die Schweizer – unsere Nachbarn

Der südliche Schwarzwald grenzt an den deutschsprachigen Teil der Schweiz. Die dort wohnenden Alemannen gelten als die »Chrampfer« – seelenverwandt mit den Schwaben und ihnen ähnlich in ihren Zielen. Die Arbeit bestimmt nach wie vor den Lebensinhalt der Schweizer. Daß ihre Lebensauffassung wesentlich zu der internationalen Wettbewerbsfähigkeit der Schweizer Volkswirtschaft und damit auch zu ihrem Wohlstand beigetragen hat, steht außerhalb jeden Zweifels. Je nach Branche arbeiten die Schweizer heute noch 40 bis 45 und zum Teil noch mehr Wochenstunden.

Nicht einmal der 1. Mai und der Nationalfeiertag, der am 1. August an den Rütli-Schwur und die Gründung der Confoederatio Helvetica (CH) erinnern soll, werden in allen Kantonen als Feiertage voll bezahlt.

Daß die Schweizer aber auch etwas mit ihrer Freizeit anzufangen wissen, zeigt die Bedeutung des Familienlebens und des Zusammenseins mit Freunden. Das beginnt bereits nach Feierabend zwischen vier und fünf Uhr, wo man sich im Bistro oder in der Stammkneipe mit Kollegen, Freunden oder Nachbarn trifft, um den »Apero« zu schlürfen. Den Rest des Abends wie auch die Wochenenden widmet der Schweizer der Familie, dem Garten, den Reparaturen am Haus oder dem Chalet in den Bergen. Das Fernsehen nimmt ihn wenig in Beschlag, vielmehr hört er Radio, und er liest mehr Zeitungen und Zeitschriften als Bücher.

Viel Wert legen die Schweizer auf ihre gesundheitliche Konstitution. Deshalb trifft man sie in den Schwimmbädern, in den Wäldern oder im Winter auf den Skiern. Auf den Langlaufloipen wie in Brenden absolvieren sie ihr Trainingspensum mit solchem Eifer, daß sie oft nicht einmal mehr Zeit für einen Gruß aufbringen. Am Brendener Skihang lassen Mütter ihre Kleinen die ersten Gehversuche im Schnee wagen. Am meisten verbreitet

ist das Wandern, sei es in den Alpen oder im Schwarzwald. Windjacke, Bundhosen und Kniestrümpfe mit festen Wanderschuhen gehören ebenso zur Ausrüstung wie der Rucksack mit den Picknick-Sachen.
Ferienzeit fällt zweimal im Jahr an. Im Februar fahren die meisten Schweizer Ski. Der starke Betrieb auf den Pisten und das lange Anstehen an den Liften und Seilbahnen drängen manche dazu, sich dem Langlauf oder dem Tourenskilauf zu verschreiben. Im Juli und in der ersten Augusthälfte sind zahlreiche Betriebe und Behörden fast völlig geschlossen. In den Städten herrscht Ruhe, und viele genießen es, einmal weg vom Trubel ihre eigene Heimat kennenzulernen. Fast drei Fünftel bleiben im eigenen Land. Die Alpen, die Seen und das Tessin sind die beliebtesten Ferienziele. Dabei verbringen die Schweizer ihren Urlaub vielfach in Ferienwohnungen, die ihnen mehr Komfort und Freiheit bieten als billige Hotels. Relativ wenige Schweizer überqueren die nördliche Grenze. Mehr noch sind Reisen an das Mittelmeer oder Fernreisen gefragt.
In der Schweiz, in der noch bürgernahe Demokratie vorgelebt wird, haben die Bürger beiderlei Geschlechts öffentliche Pflichten wahrzunehmen. Dies kann auf Gemeinde-, Kantons- oder Bundesebene sein. Daneben haben die männlichen Schweizer mindestens zwei bis drei Wochen pro Jahr Militärdienst in der Milizarmee zu leisten. An den Wochenenden hört man nur allzuoft, wie die Bürger ihrer Schießpflicht nachkommen. Fast jedes Dorf hat seine Schießstände. Wer Offizier ist, hat nicht nur etliche Wochen zusätzlich Militärdienst zu leisten, sondern muß in seiner Freizeit noch Verwaltungsarbeiten erledigen. Dabei wird er oft von seiner Sekretärin oder seiner Frau unterstützt, wodurch alljährlich Milliarden Schweizer Franken eingespart werden.
Gerne pflegt der Schweizer auch Geselligkeit. Das Vereinsleben steht in Blüte. Vor allem wird musiziert. In vielen Orten gibt es Musikschulen für Kinder und Erwachsene. Daher die zahlreichen Blaskapellen, Gesangvereine, Kirchenchöre, Laienorchester und Kammermusik-Ensembles. Daneben haben sich die Bräuche und Traditionen auf dem Lande erhalten. So zieht es viele zu den Festen der Bauern, die an solchen Tagen ihre

Trachten anlegen. Ganz besonders werden das Erntedankfest und das Ende des Winters gefeiert. Alle paar Jahre findet ein Schützen-, Sänger- oder Turnerfest statt, wo jeweils Zehntausende von weit her zusammenströmen. Es wird tatsächlich leidenschaftlich gefeiert. Der Kalender ist voll von Festen, besonders im Sommer.

Da gibt es in Zürich das *Sechseläuten,* das den Frühlingsanfang ankündigt. Dann das *Knabenschießen* im Herbst, das den Eintritt in das wehrhafte Alter markieren soll, und die *Winzer-* und *Seenachtsfeste* rund um den Zürcher See. Und da gibt es eine Vielzahl von Dorffesten an Wochenenden, die sich auf offener Straße, in den Gärten zwischen den Häusern oder in Parkanlagen abspielen.

Tells Heimat ist überdies nicht nur kulturelle Drehscheibe, sondern zugleich auch eine internationale finanzielle Schnittstelle. Doch darüber spricht und schreibt der Schweizer nicht. Das Geld ist für ihn als Thema tabu. Daher kommt es auch kaum vor, daß das Geld in der Literatur ein zentrales Motiv bildet. Zu nennen wäre der Roman *Martin Salander* von Gottfried Keller, der diesen Roman in den achtziger Jahren des vorigen Jahrhunderts geschrieben hat, in dem Geld eine wichtige Rolle spielt.

Die Schweiz und vor allem Zürich haben in den Jahren 1820 bis 1880 den Grundstein für die Industrialisierung des Landes gelegt. Daher rührt die kommerzielle Dominanz, um die die Stadt und der Kanton Zürich so sehr beneidet werden.

Im Gegensatz zu den deutschen Liberalen schafften es die Schweizer 1848, die nationale Einheit in einem Bundesstaat zu festigen. Dieser politische Erfolg vermehrte das Ansehen der Liberalen, die sich noch in einem weiteren Punkt von den deutschen unterscheiden: Sie waren mehr Pragmatiker als Idealisten und Theoretiker.

Nach 1848 ließen die Schweizer deutschen Künstlern und Gelehrten humanitäre Hilfe zuteil werden. Georg Büchner, Richard Wagner, Theodor Mommsen und viele andere kamen damals als politisch Verfolgte in die Schweiz.

Unter den Liberalen im Kanton Zürich standen Jonas Furrer und Alfred Escher an der Spitze, wobei letzterer den privaten Eisenbahnbau förderte und die Schweizer Kreditanstalt gründete. Bei

Escher standen das Unternehmerdasein wie auch die Humanität im Vordergrund.
Doch diese Epoche blieb auch in der Schweiz nicht frei von Konflikten, wie es der Maschinensturm in einer Spinnerei verdeutlicht. Daneben kam es zu Krisen in der Seiden- und Baumwollindustrie, die den Liberalen angelastet wurden. Die soziale Frage, die schon damals von der »Neuen Zürcher Zeitung« als Thema erkannt und aufgegriffen wurde, stellte den Liberalismus vor große Probleme. Die sozialen Krisen halfen der Opposition, ihre Ideen von einer direkten Demokratie durchzusetzen. Zu den Strukturkrisen kam noch der Kulturpessimismus, der den Liberalismus letztlich zu Fall brachte.
Vor diesem Hintergrund wird der Roman Gottfried Kellers verständlicher: *Martin Salander,* der seinen gelernten Beruf aufgibt, wird mit dem Geld aus dem Verkauf des geerbten Hauses Geschäftsmann. Sein Schulfreund Wohlwend nimmt ein Darlehen auf, für das Salander aus Gefälligkeit bürgt. Der Konkurs Wohlwends führt dazu, daß Salander auch das Vermögen seiner Frau aufs Spiel setzt, da diese nicht will, daß ihr Mann Schaden erleidet. Daraufhin zieht er nach Brasilien und kommt dort wieder zu Vermögen, das er auf das Konto der »Xaverius Schadenmüller & Komp.« transferiert. In die Schweiz zurückgekehrt, erlebt er ein zweites Mal, daß er von seinem Schulfreund betrogen wird.
Das Geld ist die Drehscheibe des Romans. Die Art und Weise, wie der Mensch zum Geld steht, charakterisiert ihn im privaten, gesellschaftlichen und öffentlichen Leben. Es gelingt Keller, die Menschen nach ihrem Verhältnis zum Geld zu klassifizieren. Das Geld hat etwas Dämonisches an sich. Der Schweizer spricht nicht über das Geld, erst recht nicht über sein Vermögen. Ein guter Mensch hat einfach Geld. So auch Salander, der seinen Schwiegersöhnen aushelfen muß, um Schadenersatzansprüche von ihnen fernzuhalten. Dennoch verfügt Salander am Ende des Romans immer noch über Geld. Hätte er keines, könnte er von Keller nicht als anständiger Mensch skizziert werden. Über die »Armen« läßt sich nicht schreiben.
Bis heute hat sich die Einstellung des Schweizers zum Geld nicht gewandelt. Der Calvinismus hat dazu noch beigetragen. Wer

mit schweizerischen Banken des öfteren zu tun hat, ist nicht überrascht, wenn er erfährt, daß es in Zürich kaum einen Bankdirektor gibt, der einen Chauffeur hat. Statt dessen löst der Schweizer vielfach eine Fahrkarte an der Tramhaltestelle. Vielleicht geht er sogar noch ein Stück zu Fuß, um einen Franken zu sparen. Das macht aus dem Schweizer aber keinen Geizhals. Man denke nur an das Rote Kreuz. Gold und Geld sind die Grundlagen des schweizerischen Wohlstands, und doch ist der Schweizer, wenn es sich um humanitäre Zwecke handelt, von sympathischer Freigiebigkeit.

Unterwegs im Appenzellerland

St. Gallen ist eine sehenswerte Stadt. Ihren Namen hat sie von dem irischen Mönch Gallus, der sich in dieser Gegend im Jahre 612 niederließ. Aus der Mönchszelle erwuchs dann das Kloster St. Gallen. Als freie Reichsstadt war St. Gallen schon 1212 mächtig. Die vielen buntbemalten Erker und die Gaststuben laden zum Besuch ein. Mittelpunkt der Stadt ist die Stiftskirche mit dem weltberühmten Bibliothekssaal.

In *Gonten* gibt es eine Besonderheit: einen Barfußpfad nach Appenzell. Am Bahnhof werden Wanderstiefel und Socken abgeliefert und kostenlos weitertransportiert. Der Wanderer folgt einem schmalen Pfad durch taunasse Wiesen immer bergab. In Gontenbad bietet warmes Moorwasser den Füßen die erste Erquickung. Dann ist der Pfad mit spitzen Steinen aufgeschüttet, so daß die Fußsohlen durchmassiert werden.

Ein Ausflug ins Alpsteinmassiv mit seinen schroffen Kalkwänden lohnt sich. Das Bähnchen fährt bis Wasserauen, und weiter geht es mit der Luftseilbahn zur Ebenalp. Hier bietet sich dem Wanderer ein herrliches Wandergebiet. Nicht weit liegen die Wildkirchlihöhlen, die schon Graf Zeppelin, Annette von Droste-Hülshoff und Stephanie, Großherzogin von Baden, besuchten. Einige Schritte weiter steht der Berggasthof »Äscher« unter einem überhängenden Kalksteinfelsen. Von der Äscheralp führt der anfangs schmale steinige Pfad durch Wiesen hinunter zum Seealpsee. Von den Rasthäusern aus ist der Säntis gut zu erreichen. Man kann aber auch mit der Kabinenbahn von der Schwägalp hinauffahren. Wer gut zu Fuß ist, kann ihn von der Ebenalp über ein Karrenfeld ersteigen.

Der Appenzeller hat etwas Nomadenblut in den Adern. Manches erinnert mich an slawische Gebräuche. Es wird auf der Geige und dem Cembalo musiziert. Auch die Tracht unterscheidet sich von der in den übrigen Kantonen. Silvester feiern die Appenzeller nach dem Julianischen und nach dem Gregoriani-

schen Kalender. Dann ziehen die »Kläuse« durch die Straßen mit furchterregenden, grausigen Masken, mit Zähnen und Knochen, in Gewändern aus Reisig und Heu. Im Herbst ist das größte Ereignis der Alpabtrieb. Dem Hütebub mit seinen Ziegen folgen die Gehilfen mit den Schellenkühen, den »Brown Swiss«, und zuallerletzt der Senn mit seinem Appenzeller Hund und der Herde. (In Ob- und Nidwalden gehört die Älplerchilbi zum alten Brauchtum und ist mit dem Erntedankfest vergleichbar. In der Gemeinde Beckenried am Vierwaldstättersee findet dieses Fest stets am zweiten Sonntag im November statt. Mit Böllerschüssen vom Seeufer her wird frühmorgens schon auf das Fest eingestimmt. 24 Älpler mit ihren Begleiterinnen und die ganze Dorfbevölkerung versammeln sich, um neun Uhr in der Kirche zur Messe. Anschließend übergeben mit Tannenreis und Tannenflechten verhüllte Wildmannli, die Butzi, dem Pfarrer einen stattlichen Käselaib, der kunstvoll verziert ist, als Geschenk. Die Butzi haben einen Rosmarinzweig im Mund, ein weiterer ist an die bestickten Hirtenhemden geheftet. In der Pestzeit glaubte man, dieser Zweig würde vor der Seuche schützen. Die Älplerchilbi ist bereits vor 350 Jahren in der Chronik erwähnt.)
Das traditionelle Fest und der aufwendige Schmuck der Tiere sind äußere Zeichen für einen glücklich überstandenen Almsommer. Wurde aber die Herde oder eine der Bauernfamilien von einem Unheil heimgesucht, dann trotten die Kühe ohne Schmuck ins Tal.
An Regentagen empfiehlt sich der Besuch des Volkskundemuseums in *Stein* oder des Bauernmuseums in *Urnäsch.*
Nach einem oder mehreren mit unvergeßlichen Eindrücken beladenen Tagen kehrt man gern wieder heim in den stillen südlichen Hochschwarzwald.

Auf den Pisten der Churfirsten

Alt St. Johann, Unterwasser und Wildhaus sind von Waldshut und Tiengen in knapp anderthalb Stunden zu erreichen. Diese Skiorte im Obertoggenburg haben keinen so großen Bekanntheitsgrad wie Gstaad, Lenzerheide, Klosters, St. Moritz oder Davos. Doch bietet sich hier ein Tourengebiet, das man schnell schätzen lernt. Vom Chäserrugg hinab geht es nach Oberdorf oder nach Grabs oder Buchs hinunter in das Rheintal. Ein noch lohnenderes Ziel im Spätwinter ist die Abfahrt im Tiefschnee vom Säntis (2501 m) nach Unterwasser. Diese Abfahrt mit einem Höhenunterschied von fast 1600 Metern sollte allerdings nicht ohne einen erfahrenen Skilehrer unternommen werden.
Die meisten Abfahrten sind leicht bis mittelschwer. Lediglich vom Gamserrugg und Chäserrugg gibt es schwarz markierte Pisten für versierte Skifahrer. Das weite Gelände bietet Anfängern und Familien mit Kindern Übungshänge ohne viel Gedränge. Wildhaus nimmt sich besonders der Kleinen an. Außer der Kinderskischule gibt es eine Kinderobhut, so daß sich die Eltern auf den Skihängen einmal austoben können. Darüber hinaus kann alles gemietet werden: vom Kinderbett über den Laufstall bis zum Kinderwagen.
22 Seilbahnen und Lifte erschließen die weißen Hänge unterhalb der Churfirsten. Von Unterwasser führt eine Standseilbahn hinauf nach Iltios und dann eine Seilschwebebahn zum 2262 Meter hohen Chäserrugg. Von der Terrasse des Bergrestaurants bietet sich ein herrlicher Rundblick auf die Flumser Berge. Noch atemberaubender ist der Blick auf den Walensee. Der Fels fällt fast 2000 Meter senkrecht hinunter in die Ebene des Sees. Oberdorf, Gamsalp bis hinauf auf den 2076 Meter hohen Gamserrugg erreicht man von Wildhaus.
Obertoggenburg: Bäuerliche Atmosphäre umgibt den Urlauber. Wie im angrenzenden Appenzellerland zeigt ein Blick in die

Stuben der Bauern oder in die Werkstätten der Handwerker noch altes, lebendiges Brauchtum. Die Gastfreundschaft der Bewohner trägt viel zur Beliebtheit von Obertoggenburg bei. In Wildhaus befindet sich das Geburtshaus des Reformators Huldrych Zwingli, der am Neujahrstag 1484 geboren wurde. Neben Skilaufen und Langlauf auf der Loipe bei Sellamatt gibt es viele Ausflugsmöglichkeiten wie die Molkerei in Stein, die Stiftsbibliothek in St. Gallen oder das Landesmuseum in Vaduz. Die Frage nach der Entstehung der Alpen wird immer wieder gestellt. Die Ergebnisse neuerer Forschungsarbeiten sprechen von einer geologischen Kraft, die aus südöstlicher Richtung wirkte. Die kleine Adriatische Platte schob sich gegen Europa und leitete so die Alpenfaltung ein. Das Alpengestein war als Teil des Urmittelmeerbodens noch vor 120 Millionen Jahren plastisch. Europa im Norden, Afrika im Süden und die Adriatische Platte im Südosten bildeten damals schon starre, jedoch driftende Platten. Die festen Erdteile erhoben sich über den Meeresspiegel und luden über lange Zeit hinweg in dem zwischen ihnen liegenden Meer Sedimente ab. Dadurch bog sich der Meeresboden immer weiter ein. Schicht um Schicht nahm er den Abraum von den verfestigten Kontinenten auf.
In mehr als 10 Kilometer Tiefe war dieses Material bei hohen Drücken und Temperaturen von 300 bis 500 Grad Bedingungen ausgesetzt, unter denen sich Minerale formen und Kristalle wachsen können. Der von der Adriatischen Platte ausgeübte Seitendruck spiegelt sich in Textur und Struktur der Alpen wieder. Heute befinden sich die betroffenen Felspakete an der Oberfläche und bilden das Alpengebirge.
Die Adriatische Platte verbindet heute Teile Europas miteinander. Sie besteht aus der Osthälfte Italiens, der Po-Ebene, dem westlichen Jugoslawien, Albanien und Griechenland sowie der Adria. Nahtstellen befinden sich am Rande der Platte wie dem Apennin, den Alpen, dem Dinarischen Balkangebirge und dem griechischen Pindos. Daß die Platte sich noch bewegt, darauf weisen die Vulkanausbrüche von Vesuv, Ätna und Stromboli hin. Daß außerdem noch Auftriebskräfte und Ausgleichsbewegungen innerhalb der aufsteigenden alpinen Gebirgsmasse wirkten, zeigt sich an dem leichten Gestein, das aus der Tiefe

drang, nach außen abfloß und das Vorland gestaltete. Diese Bewegung und die driftende Adriatische Platte sorgten für die heutige Bogenform der Alpen.

Gastlichkeit in der Region

Dialekte sind Spiegelbilder der Charaktere. Das Schwäbische ist etwas Eigenes wie das Alemannische, Kurpfälzische und Fränkische. Das Badische oder Alemannische läßt sich auch von einem Fremden gut verstehen. Gedichte des Badeners Johann Peter Hebel kann man leicht nachempfinden. Das Heitere in seinen Versen entspricht der Wesensart eines Badeners. Diese kommt auch beim Kochen und Essen zum Ausdruck. Es gibt kaum einen Volksstamm, der die Küche so liebt wie die Badener. Daher ist es nicht verwunderlich, wenn die Küche im Rebland, in der Ortenau und im Markgräfler Land einen sehr hohen Stellenwert hat. Zur heiteren Lebensart der Badener gehören auch Höflichkeit und Gastfreundschaft. Daß die Rheinebene und der Schwarzwald so beliebt sind, liegt u. a. auch daran, daß dort gut gekocht und der Gast offen und höflich empfangen wird.

Die Rheinebene und der Schwarzwald sind ein »Garten Eden« für Feinschmecker. Das beweisen die vielgelobten Restaurants in dieser Region. Die französische Küche in der Nachbarschaft hat die badische Küche mitgeprägt.

Nicht zu vergessen ist der österreichische Einfluß. Ein großer Teil des Südschwarzwaldes gehörte, wie erwähnt, zu Österreich. Die Habsburger hatten im Elsaß, in der Schweiz und im südlichen Baden Besitzungen. Freiburg war Hauptstadt von Vorderösterreich, und zwar von 1651 bis 1798.

In diesem »schönen Garten« (»Quel beau jardin!«, ein Ausruf Ludwigs XIV., als er 1681 den Oberrhein überquerte) gibt es viele gekrönte, (noch) nicht ausgezeichnete oder als Geheimtip gehandelte Restaurants, vom urigen Beizle bis zum Gourmet-Tempel, auf deren Speisekarten neben »Menue du Chef« zu lesen ist: Brägele (Bratkartoffeln), Bubespitzle (eine Art Schupfnudeln), Badische Hechtklößle, Badisches Ochsenfleisch, Badische Schneckensüpple, Beckeofe (geschichtete Kartoffeln mit mehreren Fleischsorten in einer feuerfesten Backform), Bibbeleskäs (Quark), Kretzete (Pfannkuchenfetzen bei Spargel), Sulz und Suueresse (Kutteln und andere Innereien), Mistkratzerle (Hähnchen), Metzgete (Schlachtessen), Schäufele (Schweineschulter) oder Zwiebelwaihe (Hefekuchen).

Es gibt heute schon eine Reihe von deutschen Köchen, die sich sehr um die Verfeinerung der Regionalküche verdient gemacht haben. Gastronomiekritiker stellen dies immer häufiger in unserem Lande fest. Ehrlichkeit zählt mehr als Show-Effekte. Qualität, Frische, Harmonie und Exaktheit der Garung sind von Bedeutung.

Manche Kritiker behaupten schon, daß die beste französische Küche heute in Deutschland zu finden sei. Vielleicht sind sie noch nicht einmal im Unrecht. Denn unter den 30 Spitzenköchen der Welt befinden sich fünf deutsche Köche.

Nimmt man einen der vier Restaurantführer von Rang zur Hand, so finden sich zahlreiche Gasthäuser Badens mit den fünf »C« als Insignien: *Caractère, Courtoisie, Calme, Confort et Cuisine.* Von den renommierten Hotels und Restaurants im Gelobten Fünfeck des Südschwarzwaldes ist das seit 1859 in Familienbesitz befindliche *»Schwarzwaldhotel Adler« in Häusern* (Telefon: 07672/4170) hervorzuheben. Unter dem weiten Walmdach empfindet der Gast gleich ein Gefühl von Geborgenheit. Im Restaurant werden frische Spezialitäten der Saison aus der badischen sowie Kreationen der neuen französischen Küche angeboten.

Doch nicht nur Deutschlands beste Küchenchefs haben ihre Heimat größtenteils im Schwarzwald. Auch Deutschlands bester Rotwein kommt aus dieser Region. Der Bezirkskellerei Markgräfler Land in Efringen-Kirchen wurde für die Sorte »Spätburgunder« jetzt der Deutsche Rotweinpreis zugesprochen, den die Weinzeitschrift *Vinum* ausgeschrieben hatte.

Wein wird ausschließlich an Süd- und Südwesthängen angebaut, in Höhen zwischen 200 und 400 Meter ü. d. M. auf insgesamt 1000 Hektar, wenn man die vier Weinbaugebiete – die Ortenau, den Kaiserstuhl mit Tuniberg, den Breisgau und das Markgräfler Land zusammenfaßt. Die wesentlichen Rebsorten sind Müller-Thurgau, Spätburgunder, Ruländer, Grauer Bur-

gunder, Gutedel und Riesling. Seltenere Sorten sind der Traminer, Gewürztraminer, Nobling und Muskateller.
Die Weinbaugebiete der Region gehören innerhalb der EG zur Zone B zusammen mit dem Elsaß, der Champagne und dem Loire-Gebiet. Die gesetzlichen Anforderungen sind also höher als an andere Weinbauregionen. Qualität ist eines der Argumente der Vermarktungsstrategie. Dazu kommt eine immer feinere Differenzierung in Lese, Ausbau und Ausstattung des Weines.
Der Weintrinker sollte beherzigen, was ein badischer Spruch rät: »Sürpfle muesch – nit suffe.« Nach einem zünftigen Vesper kann man auch zu einem hochprozentigen »Wässerli« von Kirschen oder Zwetschgen, einer flüssigen Williams-Birne, in der Ortenau zu einem Topinambur oder im Markgräfler Land zu einem Zibärtle greifen.

Bekannte Restaurants im Schwarzwald und in den benachbarten Regionen

Gastlichkeit im östlichen Teil:

Bonndorf/Holzschlag
Schwarzwaldhof Nicklas, Tel.: 07653/803
Büsingen
Alte Rheinmühle, Tel.: 07734/6076
Konstanz
Siber, Tel.: 07531/63044
Mittelzell/Reichenau
Seeschau, Tel.: 07534/257
Moos
Gottfried, Tel.: 07732/4161
Rielasingen
Krone, Tel.: 07731/2046
Schönwald
Zum Ochsen, Tel.: 07722/1045
Triberg
Parkhotel Wehrle, Tel.: 07722/86020

Vöhrenbach
Gasthaus zum Engel, Tel.: 07727/7052

Gastlichkeit im westlichen Teil:

Breitnau
Kaisers Tanne-Wirtshus, Tel.: 07652/1551
Denzlingen
Rebstock-Stube, Tel.: 07666/2071
Emmendingen
Park-Hotel Krone, Tel.: 07641/8496
Freiburg
Falkenstube und Zirbelstube im Colombi-Hotel, Tel.: 0761/31415
Zähringer-Burg, Tel.: 0761/54041
Markgräfler Hof, Tel.: 0761/32540
Alte Weinstube – Zur Traube, Tel.: 0761/32190
Eichhalde in Herdern, Tel.: 0761/54817
Glottertal
Hirschen, Tel.: 07684/810
Gasthaus zum Adler, Tel.: 07684/231
Gutach
Adler, Tel.: 07681/7022
Heitersheim
Gasthof Krone, Tel.: 07634/2811
Inzlingen/Lörrach
Inzlinger Wasserschloß, Tel.: 07621/47057
Bad Krozingen
Litschgi-Stuben im Litschgi-Haus, Tel.: 07633/14033
Münstertal
Spielweg, Tel.: 07636/7090
Pfaffenweiler
Gasthaus zur Stube, Tel.: 07664/6225
Schopfheim
Alte Stadtmühle, Tel.: 07622/2446
Sulzburg
Zum Hirschen, Tel.: 07634/8208
La Vigna in Laufen, Tel.: 07634/8014

Vogtsburg/Oberbergen
Schwarzer Adler, Tel.: 07662/715
Weil am Rhein
Zum Adler, Tel.: 07621/71188

Zwei Sterne verteilte der Michelin an die Gasthäuser:

Baiersbronn-Mitteltal
Bareiss, Tel.: 07442/470
Baiersbronn-Tonbach
Schwarzwaldstube in der Traube, Tel.: 07442/4920
Vogtsburg/Oberbergen
Schwarzer Adler, Tel.: 07662/715

Alemannisch angerichtet

Kaminschinken ist eine besondere alemannische Spezialität. Beliebt sind vor allem die Schulterstücke. Sie enthalten als Kern das Schulterblatt (Schäufele). Vorderschinken sind saftiger und werden als erstes verzehrt. Die Hinterschinken werden erst nach längerer Lagerung und bei richtiger Behandlung geschmacklich besser. Das warme Klima in der Rheinebene erlaubte keine lange Lagerung, wenn nicht die folgende Methode gefunden worden wäre: Der Schinken wurde nach dem Räuchern über mehrere Tage gelüftet und dann mit Papier umwickelt in Kisten gelegt und in Holzasche eingebettet. Die Holzasche verhinderte, daß er von irgendwelchem Getier befallen wurde. Diese Schinken konnten Jahre der Lagerung überdauern, blieben saftig und waren fein im Geschmack. Die Schwarzwaldbauern auf den Höhen hatten es einfacher. Der Herd in einem Hotzenhaus bestand ursprünglich aus einem Fels- oder Steinblock, auf den später der eiserne Herd aufgesetzt wurde. Wurde im Herd gefeuert, durchzogen Feuer und Rauch zunächst das Innere der Kunscht, die mit sogenannten Rauchlöchern innerhalb der Feuerwand ausgestattet war. Ein Teil des Rauches trat wieder nach der Küchenseite hin aus, stieg empor und sammelte sich in der Hurde (einer Art Kaminwölbung) über dem Herd, um dann am Hurdenrand nach oben, der Küchendecke entlang, seinen Weg ins Freie zu finden. Aufgemauerte Kamine kannte das Hotzenhaus nicht. Die Hurde deckte meistens noch einen Backofen ab, der zugleich als Räucherkammer diente. Die Bauern in den Hotzenhäusern ließen große Stücke des Rauchfleischs einfach an der Küchendecke hängen, wo sie noch so viel Rauch abbekamen, daß Ungeziefer von dem Schinken ferngehalten wurde. Eine Lagerung in Holzasche erübrigte sich.

Der *Löwenzahn- oder Roßblumensalat* wird zubereitet, solange der Löwenzahn, auch Seicher oder Pißangelie (pissenlit) genannt, noch keine Knospen hat. Franz Keller (Gasthaus »Schwarzer Adler« in Vogtsburg/Oberbergen) hat in seinem Buch *Alemannisch angerichtet* die Zubereitung so beschrieben: »Nach dem Säubern und Wässern wird er mit heißen Speckwürfeln sowie Pfeffer und Salz zubereitet. Lange Zeit vor dem Essen wird er angemacht und warm gehalten, da seine Beschaffenheit verhältnismäßig garstig ist. So wird er etwas weicher. Und weicher wird er auch durch eine ergänzende Zubereitungsweise: Frisch gekochte Pellkartoffeln, möglichst mehlig, werden zerdrückt, aber nicht püriert, und heiß mit dem Salat vermengt, der vorher nach der beschriebenen Art zubereitet wurde. [...] In armen Zeiten war so oft eine Schüssel Roßblumensalat das einzige, was man zum Nachtessen auf den Tisch brachte.«

Eine große, aber heute schon seltener angebotene Osterdelikatesse ist das *Milchzickel,* das höchstens fünf bis acht Wochen alt sein darf. In den Viehställen standen überall ein oder zwei Ziegen, »die zwar so viel Heu verdarben, daß man durchaus noch eine Kuh hätte zusätzlich füttern können. Es war aber üblich, die Meckerziegen im Stall zu haben: Die Milch verfütterte man den Schweinen, weil der hohe Eiweißgehalt besonders gute Specklieferanten brachte. [...] Das Zickel läßt sich in Keule, Rücken und Rippen teilen, die dann einfach im Ofen gebraten werden. Dabei darf man nicht vergessen, das Fleisch fleißig zu übergießen. Die großen Stücke zuerst und in Abständen bis zum Schluß die kleinen und dünnen Rippenstücke gibt man in das heiße Fett, nachdem man nur mit Pfeffer und Salz sowie einem Hauch Muskatnuß gewürzt hat. Spinatpüree, Rahmkartoffeln und außerdem noch junger Kopfsalat passen hervorragend dazu.«

Zum königlichen Gemüse, dem Spargel, reicht man in der Gegend um Freiburg *Kratzede,* alemannisch Chratzede. Es handelt sich hier um einen dickeren Pfannkuchen, der in der Pfanne so lange zerkratzt wird, bis die kleinen Teigstücke goldbraun sind. In den anderen Spargelanbaugebieten ißt man lieber Pfannkuchen oder, was dasselbe ist, Flädle dazu. Bei der Zubereitung der Kratzede geht man folgendermaßen vor: Aus den Zutaten (Portion für vier Personen: 500 g Mehl, 7 Eier, 3/4 l

Milch, Salz, 50 g zerlassene Butter) wird mit einem Schneebesen ein glatter Teig geschlagen, der 20 Minuten ruhen soll. Jeweils einen Schöpfer davon in eine Gußpfanne gießen, in der die Butter aufzuschäumen beginnt. Erst wenn die Unterseite braun gebacken ist, wird die Teigmasse gewendet und der Pfannkuchen zerkratzt, so daß lauter goldbraune Teigstücke entstehen.

Weinbrevier

Weißweine

Clevner (Traminer): Wein vom Schloß Staufenberg, ansonsten aus der Ortenau, kräftig.

Gewürztraminer: Nur wenige Lagen im Markgräfler Land eignen sich für diese Rebsorte, wuchtig und aromareich.

Gutedel: Wein aus dem Markgräfler Land, frisch und leicht mit geringer Säure. Zum Frühschoppen, zum »Nüni«, wie geschaffen als Ergänzung zum herzhaften Schwarzwaldbrot mit feingeräuchertem Speck oder zum Schäufele (Schulterstück vom Schwein). In der Schweiz heißt der Gutedel Fendant, Viviser, Dorin, in Österreich Moster und in Italien sowie Frankreich Chasselas. Die Gutedeltraube ist eine wohlschmeckende Tafeltraube.

Klingelberger (Riesling): Wein vom Schloß Staufenberg, das dem Markgrafen von Baden gehört. Dort heißt der Riesling »Klingelberger«, der Traminer »Clevner«. Der Riesling gehört unter den Weinfreunden zum Feinsten. Er erreicht häufig erst nach Jahren seinen geschmacklichen Höhepunkt.

Müller-Thurgau: Wein, der in jedem Weingebiet wächst, unter Weinkennern sehr umstritten.

Nobling: Wein aus dem Markgräfler Land, eine Kreuzung aus Gutedel und Silvaner, fruchtig und voll.

Ruländer (Grauburgunder): Wein vorwiegend aus dem Weinanbaugebiet Kaiserstuhl-Tuniberg, gehaltvoll, körper- und alkoholreich. In Frankreich heißt er Pinot gris, im Elsaß Tokay d'Alsace und in der Schweiz Malvoisier.

Silvaner: Wein aus dem Gebiet Kaiserstuhl-Tuniberg, geschmacklich zwischen Gutedel und Ruländer, als Alltagswein einzustufen.

Weißburgunder: Wein aus dem Markgräfler Land, feine Säure und zurückhaltendes Bukett, zu Fisch- und Spargelgerichten empfohlen.

Rotweine

Affentaler: Spätburgunder aus der Ortenau. Der Name hängt zusammen mit »Ave-Tal« und geht auf die Zisterzienserinnen des Klosters Lichtental bei Baden-Baden zurück, die aus Burgund kamen.

Spätburgunder: Spitzenwein, wenn trocken ausgebaut, übertrifft er sogar Burgunder-Weine. Weinorte im Kaiserstuhl: Ihringen, Oberrotweil, Achkarren, Bickensohl, Oberbergen.

Weißherbst: Goldfarbig mit leichtem Rotschimmer (Rotweintrauben werden hell gekeltert, d. h. der Most wird von der Maische und damit von dem Farbstoffträger Beerenhaut getrennt). Weißherbst darf ein Roséwein nur in Verbindung mit einer Traubensorte genannt werden. Berühmt ist der Glottertäler Weißherbst, leicht und fruchtig.

Die Auswahl des richtigen Weines wird bei diesem reichhaltigen Weinangebot immer ein fesselndes Thema sein. Wer sich auf einen Abend mit Freunden oder Gästen vorbereitet, hat sich um Auswahl, Behandlung und Präsentation des Weines zu kümmern. Denn es kann ja unter den Gästen Weinkenner geben, die nicht nur durch berühmte Etiketten und hohe Preise beeindruckt sein wollen. Hilfreich in einer solchen Situation sind Weinbücher wie *Der Kleine Johnson, Der Große Johnson* und der *Hugh Johnsons Weinatlas.*
Eine Auswahl unter den besten Weinen zu treffen ist keine leichte Aufgabe. Es muß aber nicht der Spitzenwein *Opus One*

aus dem Napa Valley sein. Auf dem Etikett sind Baron Philippe de Rothschild (Château Mouton-Rothschild) und Robert Mondavi (Robert Mondavi Winery) zu sehen. Ihr gemeinsames Streben ist die Verbindung eines kalifornisch frischen und fruchtigen Cabernet Sauvignon mit der Balance und Finesse eines klassischen Bordeaux.
Neben Weinen aus der Neuen Welt, aus Frankreich, Italien und Jugoslawien gibt es aber auch vorzügliche deutsche Rieslinge und Rotweine. Welcher Wein gewählt werden soll, ist immer eine Frage des Zeitpunkts. Bei der Auswahl des Weines folge ich gern der Regel: »Derjenige Wein ist der beste, nach dem es mich jetzt, in diesem Augenblick, gelüstet.«

Schnapsbrevier

Borbel: Topinamburschnaps. Topinambur ist eine fast zwei Meter hohe Pflanze mit kleinen gelben Blüten in der Art einer winzigen Sonnenblume.

Chriesewässerle: Kirschwasser, am besten aus wilden Kirschen, auch Schnapskirschen genannt, die etwa die Größe von Heidelbeeren haben. Um einen Liter Kirschwasser zu bekommen, benötigt man zehn Kilogramm Wildkirschen. Nur ein solcher Schnaps ist ein echter Chriesebrentz. Das Angebot besteht heute aus ergiebigeren Edelkirschschnäpsen.

Hefe: Schnaps aus der Hefe bei der Weinherstellung.

Pflumewasser: Zwetschgenwasser.

Treber: Schnaps aus dem Trester der Weinherstellung. Der Treber heißt im Wallis und in Frankreich Marc, in Italien Grappa, in Kreta Zigutia und, mit Anis versetzt, Ouzo und in der Türkei Raki.

Vorlauf: Schnaps, der bei der Destillation zuallererst aus dem Brennkolben fließt, rund 70 Prozent Alkohol.

Ziebärtle: Schnaps aus wilden Pflaumen.

Ein kleiner Hinweis sei an dieser Stelle gestattet: Schnäpse sollten nicht eiskalt getrunken werden. Dies gilt vor allem für Schnäpse, die aus dem Eichenfaß kommen. Was das Maß betrifft, so kennen wir beim Wein den Vierteleschlotzer, beim Schnaps sollte es nicht mehr als ein Glas sein. Das bessere Maß ist ein halbes Gläschen.

Festebrevier

Januar: Heilige Drei Könige: Der Tag beginnt mit dem Sternsingen. Kinder, die sich als die »Heiligen Drei Könige« verkleiden, ziehen von Haus zu Haus und schreiben mit der geweihten Kreide die Buchstaben C+M+B (Caspar, Melchior und Balthasar oder »Christus mensionem benedicat«) über Haus- und Hoftüren. Dieser Brauch geht bis in 12. Jahrhundert zurück.

Februar/März: Fasnet wird in vielen Orten, insbesondere im Markgräfler Land (Sulzburg, Laufen), gefeiert. Bekannt ist die Fasnet in Elzach zwischen Fastnachtssonntag und -dienstag, wo die »Schuddige« mit Holzmasken unter dem Schneckehüslehut ihr Unwesen treiben, indem sie mit langen Holzscheren die Weiberleut zwicken oder Hiebe mit an langen Stecken befestigten Saublodere (Schweinsblasen) austeilen.
In vielen Orten gehört das »Faseln« (Fas-nacht) zum Brauchtum. Hinter ihren Masken erzählt man den Menschen Geschichten aus dem vergangenen Jahr, teilt Boshaftigkeiten aus, sagt Spottgedichte auf oder deklamiert Schwänke. Je nach Ort heißt das »Hecheln«, »Schnurren«, »Aufsagen« oder »Strählen«.
Am Rosenmontag und Fasnachtsdienstag brechen um acht Uhr die kostümierten Narren durch das Schwarze Tor in Rottweil (Narrensprung).
Ebenfalls bekannt sind der Wolfacher Nasenzug, der Pflumeschlucker Umzug in Bonndorf und das Straßenfest mit Walpurgisnacht (Hexenverbrennung) in Löffingen sowie die Narrenumzüge in Bad Säckingen, Bräunlingen und Zell. In Schramberg fahren kostümierte Narren in alten Zubern auf der Schiltach.

1. Sonntag nach Fasnet: Am Sonntag nach Aschermittwoch findet vielerorts die *Buurefasnet* auf den Hügeln statt. Feuer werden angezündet oder funkenstiebende Sonnenscheiben tal-

abwärts geschlagen, um gemäß dem heidnischen Brauch das Böse zu vertreiben, den Erntesegen und Liebesglück herbeizuwünschen.
Dieser Brauch ist in Todtnauberg erhalten geblieben. Am Abend dieses Tages werden große Holzfeuer auf den Höhen angezündet, »Schiibefüür«, in denen Buchen- und Birkenscheiben zum Glühen gebracht und dann ins Tal geschleudert werden. Der Scheibenschläger ruft dabei: »Schiibi, Schiibo, wem soll die Schiibi go?« Die Scheiben bringen erst Glück, wenn sie in einem geraden Flug talabwärts ihre Bahnen ziehen. Damit die anderen Scheiben demjenigen kein Unglück bringen, für den diese eine geschleudert wurde, ergänzt der Scheibenschläger seinen Vers: »Und fliegt se nit, so gilt se nit!«
In Basel kommt es am frühen Morgen (Sonntag auf Montag) um Punkt vier Uhr zum »Morgestraich, vorwärts marsch!«. In der verdunkelten Altstadt gehört Basel dann den Laternen sowie den Tausenden von Pfeifern und Trommlern.

April: Müllheimer Weinmarkt (stets am dritten Freitag).
Markustag auf der Reichenau am 25. April.

Mai: Ihringer Weintage.

Juni: Fronleichnamsprozessionen; bekannt ist die Prozession in Hüfingen der vielen Blumenteppiche wegen.
Zelt-Musik-Festival in Freiburg.
Chlimsefest in Istein, das alle vier Jahre veranstaltet wird (1992, 1996 usw.).

Juli: Rosenfest in Nöggenschwiel (stets am zweiten Wochenende).
Seenachtsfest in Schluchsee.
Schwyzertag in Tiengen.

August: Weinfest in Staufen.
Laurentius-Fest auf dem Feldberg und in Brenden.
Waldshuter Chilbi. (Das Fest geht auf die Belagerung durch die Schweizer im Jahre 1468 zurück. Die Waldshuter zeigten den

Schweizern nach langer Belagerung einen Hammel, worauf die Schweizer abzogen, da sie glaubten, die Waldshuter hätten noch genug zu essen, um eine noch längere Belagerung durchzustehen. Im Umzug wird heute noch ein Chilbi-Bock mitgeführt.)
Weintage in Sulzburg und Laufen.
Musiktage in St. Blasien.
Fest Mariä Himmelfahrt auf der Reichenau am 15. August.

September: Kirchweih an der Löffel-Kapelle in Brenden.
Schneckenfest in Pfaffenweiler, wo in den Innenhöfen Gutedel und verschieden zubereitete Schnecken angeboten werden.
Roßfest in St. Märgen, das alle drei Jahre stattfindet (1991, 1994 usw.).

Oktober: Musiktage in Donaueschingen.

Alemannische Wörter und ihre Bedeutung

Anke = Butter
Belche, Belch = hoher Berg
Bibbeles-Chaas = Quark
bitzeli = wenig
Brend = eine durch Feuer gerodete Stelle
Brötle = Plätzchen, Gebäck
Chämmi = Kamin
Chännel = Kandel
Cheller = Keller
Chilche, Chille = Kirche
Chilwe, Chülbi = Kirchweih
Chind = Kind
Chuuscht = Ofenbank, Kunscht, Kunst
Daische = Fladen
Dannschößli = junge Triebe der Tannen
Düchel = Holzrohr
Dünne = dünner Blechkuchen
Fluh = Felsabsturz
Füdele = Po
Gizi = junge Ziege
glumse = brennen
Gottwilche = Gottes Willkommen
Grießpflutte = Grießschnitten
Grüebe = Überreste von ausgesottenem Fett
Grumbire = Kartoffeln
Gschpusi = Freund(in)
Gschwellti = gekochte Kartoffeln
Gugumere = Gurke
Gumpistöpfel = eingemachte Äpfel
Gutz = Strahl Wasser
Gutzele = Bonbon
Gülle = Pfütze

Halde	= Bergseite
Herdapfel	= Kartoffel
Hirz	= Hirsch
Hotz	= Waldbauer
Hungh	= Honig
Huus	= Haus
Hüüser	= Häuser
Imme	= Biene
liib	= lieb
luege	= schauen
Matte	= Wiese
Meidli	= Mädchen
Meie	= Blumenstrauß
Mueder	= Mutter
Mümpfili	= kleiner Brocken
näumer	= jemand
näumis	= etwas
nents (Baiersbronn)	= nichts
nex (Wildbad)	= nichts
niemes	= niemand
niene	= nirgends
niit (Titisee)	= nichts
nint (Triberg)	= nichts
nix (Mummelsee)	= nichts
numme	= nur
nümme	= nicht mehr
nüt (Hotzenwald)	= nichts
Oehli	= Ölpresse
Pappe	= Brei
Pfnüsel	= Schnupfen
Ribi	= Reibmühle
Sägese	= Sense
schaffig	= arbeitsam
Schneermuus	= Maulwurf
Schöchli	= kleiner Heuhaufen
Schungge	= Schinken
Stalden	= steiles Wegstück
Taue	= Feldmaß

Tubak trinke	= Tabak rauchen
trümmlig	= schwindlig
Tücheln, Teucheln, Deicheln	= Holzrohre
Vorluft	= Ostwind
Waihe	= Speckkuchen
Wibe	= Weib
Zibertli	= getrocknete Pflaumen
Zistig	= Dienstag
Zobed	= am Abend

Zeittafel

500 vor Christus	Im Breisgau siedeln sich Kelten an, u. a. in Zarten (Tarodunum).
1. Jahrhundert nach Christus	Römer dringen bis zum Oberrhein vor – Hüfingen (Brigobanne), Rottweil (Arae Flaviae), Badenweiler, Baden-Baden (Aquae, Aquae Aureliae).
200	Kleine westgermanische Verbände schließen sich zu Stämmen zusammen: erst die Alemannen (u. a. Sweben), später die Franken und dann die Sachsen.
250	Alemannen setzen sich in Süddeutschland fest.
259	Alemannen und Franken stürmen den Limes.
400	Alemannen lassen sich am Oberrhein nieder.
496	Sieg der Franken unter Chlodwig über die Alemannen, Beginn der Christianisierung (Columban, Gallus, Pirmin, Fridolin).
600–800	Besiedlung des vorderen Hotzenwalds.
643	Gründung des Klosters St. Trudpert.
8. Jahrhundert	Niederlassung eines Mönchs vermutlich im Steinbachtal südwestlich von Unteralpfen (Albzelle).
858	Unterstellung der Albzelle dem Kloster Rheinau bei Schaffhausen.
866 oder 870	Das Albkloster nimmt die Benediktinerregel an und erhält die Reliquien des heiligen Blasius.
900–1100	Besiedlung der Hochflächen des Hotzenwalds zwischen den Talschluchten.
916–1268	Herzogtum Schwaben.
925	Vernichtung der Klöster St. Gallen und Rheinau sowie des Albklosters (Vorläufer von St. Blasien).
950	Wiederaufbau des Albklosters.
983	Das Albkloster löst sich von dem Kloster Rheinau.
1013	Baubeginn des steinernen Klosters St. Blasien.
1093	Gründung des Klosters St. Peter durch Berthold II. aus dem Hause Zähringer.

1095	Das Albkloster übernimmt die Regeln von Cluny.
1122	Konrad von Zähringen, Sohn Bertholds III., gründet Freiburg.
1123	Konrad erhält das Vogteirecht über St. Blasien.
1198–1208	König Philipp von Schwaben (Staufer).
13. Jahrhundert	Das Erbe der Zähringer treten die Markgrafen von Baden und die Grafen von Fürstenberg an.
1200–1300	Besiedlung des hinteren Hotzenwalds (800 bis 1000 m Höhe) – Einzelhöfe und Streusiedlungen.
1218	Berthold V. (1186–1218) wird als letzter aus dem Hause Zähringen in Freiburg beigesetzt. Die Vogtei St. Blasien fällt an das Reich zurück. St. Blasien gilt als freie Abtei mit dem Kaiser als Vogt.
1235	Mainzer Reichslandfrieden Friedrichs II. (26. 12. 1194 – 13. 12. 1250), der als erster in deutscher Sprache erlassen wurde und in der Gesetzgebung weiterwirkte. Auszüge daraus: Der Sohn, der seinen Vater von seinem Eigen verstößt und sich gegen ihn verschwört, soll auf ewig sein Eigen und Lehen verlieren. Wer seinen Vater freventlich angreift, sei ewig rechtlos. Die Dienstmannen und Eigenleute des Vaters, die den Sohn wider den Vater unterstützen, seien ewig rechtlos.
1245	Gründung von Waldshut durch Rudolf von Habsburg (die bei Brugg erbaute Burg wird zum Stammschloß der Habsburger).
1250	Die Vogtei St. Blasien wird durch Kaiser Konrad IV. an das Haus Habsburg verpfändet.
1254	Konrad IV. überträgt Rudolf von Habsburg die Vogtei über St. Blasien und den (Süd-)Schwarzwald.
1258	Guß der Vesperglocke »Hosanna« mit der Inschrift: »O König der Herrlichkeit, bringe den Frieden« auf dem Münsterplatz in Freiburg am 18. Juli.

1268	Das Herrschergeschlecht der Staufer aus Schwaben stirbt mit Konradin (1252–1268) aus.
1278	Die Grafen von Habsburg nennen sich Herzöge von Österreich (ab 1453 Erzherzöge).
1291	Gründung der Schweizer Eidgenossenschaft am 1. August. Der Rütlischwur wird von Walter Fürst aus Uri, Werner Stauffacher aus Schwyz und Arnold Melchthal aus Unterwalden geleistet.
14. Jahrhundert	Bildung von Vorderösterreich, indem die Habsburger ihren Besitz im Schwarzwald und am Oberrhein abrunden.
1303	Habsburger Urbar, ein Dokument über die Verwaltungsgliederung und die Siedlungen.
1328	Zwing und Bann des Klosters St. Blasien (Immunitätsbezirk).
1369–1371	Die Abtei St. Blasien erkennt Herzog Albrecht von Österreich als erblichen Vogt an. Damit stellt sich St. Blasien endgültig unter österreichische Landeshoheit.
1371	Anerkennung der Hauensteiner Einigungsverfassung durch Habsburg und St. Blasien.
1414–1418	Konzil von Konstanz beendet das Schisma.
1439	Pest im Hotzenwald.
1457	Freiburg erhält eine Universität.
1468	Krieg der Eidgenossen gegen Österreich, der als Waldshuter Krieg bezeichnet wird (Belagerung von Waldshut, Überfall auf Bonndorf).
1483	Geburt Martin Luthers.
1487	Reichsstädte und Ritterschaft schließen sich unter kaiserlichem Schutz zum Schwäbischen Bund zusammen.
1495	Erlaß einer badischen Weinordnung.
1499	Einnahme der Stadt Tiengen durch die Eidgenossen.
1517	Martin Luther veröffentlicht seine 95 Thesen, Beginn der Reformation.
1522	Landordnung des Schwarzwalds für die Hauensteiner.

1524–1525	Beginn des Aufstandes der Bauern unter Hans Müller aus Bulgenbach (in der Nähe von Brenden gelegen) und Pfarrer Hubmaier aus Waldshut. Der Aufstand lodert in vielen Gebieten des heutigen Baden-Württemberg (am Oberrhein, im Breisgau, Kraichgau, Neckartal-Odenwald und Taubertal) auf und wird vom Schwäbischen Bund blutig niedergeschlagen.
1526	Plünderung des Klosters St. Blasien durch die Bauern und Zerstörung durch Brand (Wiederaufbau in den Jahren 1527–1538).
1535	Teilung der Markgrafschaft Baden zwischen Baden-Durlach (evangelische Linie) und Baden-Baden (katholische Linie).
1546	Tod Martin Luthers.
1555	Gleichberechtigung des katholischen und lutherischen Bekenntnisses im Augsburger Frieden.
1564	Tod Johannes Calvins (geb. 1509).
1575	Erlaß einer badischen Traubenleseordnung.
1596	Das Kloster St. Blasien erhält pfandweise die Hochgerichtsbarkeit (juristische Zuständigkeit für Verfahren um Blut, Leib und Leben).
1612	Erwerb der reichsfreien Herrschaft Bonndorf durch St. Blasien.
1618–1648	Dreißigjähriger Krieg, durch den der Schwarzwald und das Oberrheingebiet zum Durchgangsland und Kampfgebiet von Franzosen und Schweden einerseits, von Kaiserlichen und Bayern andererseits werden.
1622	Feldherr Tilly stürmt Heidelberg, besiegt Markgraf Georg Friedrich von Baden-Durlach.
1630	Schweden greift auf seiten der Protestanten in den Kampf ein.
1633	Einnahme der Stadt Tiengen durch die Schweden.
1670	Beginn der Uhrenfabrikation.
1675	Sieg Friedrich Wilhelms über die Schweden bei Fehrbellin, Beginn der preußischen Militärtradition.
1681	Die Reichsstadt Straßburg fällt an Frankreich.

1689 Zerstörung von Heidelberg, Pforzheim und Rastatt.

1699 St. Blasien vereinigt die Herrschaft Bonndorf mit den Ämtern Bettmaringen, Blumegg und Gutenburg zur Grafschaft Bonndorf.

1705 Dekret Kaiser Josephs I., wonach die Hauensteiner nicht mehr mit den Worten »leibeigen« und »Leibeigenschaft« belegt werden dürfen.

1726 Beginn der Salpeterunruhen im Hotzenwald, die bis 1755 andauern. Die Unruhen bleiben auf die Hauensteiner Einung beschränkt. Die Vogteien Schönau und Todtnau beteiligen sich nicht. Am 22. Mai 1720 kommt es unter Waldvogt von Beck zu einer Vereinbarung zwischen der Grafschaft und St. Blasien über die Pflichten der Leibeigenen (Dogerner Rezeß), gegen die auch einige Einungsmeister wie Fridolin Albiez von Außerbuch, Fridolin Ebner von Steinbach und Hans Ebner von Tiefenhäusern protestieren. Albiez lebt nicht nur von seiner Landwirtschaft, sondern vom Salpeter-Sieden und -handel. Er ist bläsmischer Leibeigener und wohnt mit seiner Familie in Außerbuch.
Das Salpeter-Sieden war ein sehr gewinnbringendes Geschäft, da der Rohstoff Kalisalpeter von den Gerbern, Färbern, Apothekern und Schießpulverherstellern benötigt wurde. Den Mauersalpeter gewann man durch Abkratzen der Stallwände.
Nach der Tätigkeit des Anführers Albiez bezeichnet man bald die Anhänger Salpeterer und die Unruhen, die sich insbesondere gegen St. Blasien richten, Salpeterer-Bewegung. Der Abt verlangt von seinen Untertanen einen weiteren Eid, obwohl die Salpeterer erklären, daß sie bereits einen Eid auf den österreichischen Landesherrn abgelegt hätten. 1739 werden einige Salpetererführer verhaftet und zum Tode verurteilt. Am 9. Oktober 1755 werden 27 Salpeterer gefangengenommen und mit ihren Familien in das Banat deportiert.

1730 Verhaftung des Salpeterers Martin Thoma (Haselbachmüller genannt) und Verurteilung zu lebenslänglicher Zwangsarbeit in einem ungarischen Bergwerk.

1732 Geburt des Bildhauers Joseph Hörr aus Blasiwald († 1785).

1738 Markgraf Karl Friedrich von Baden († 1811).

1739 Verurteilung der Salpeterer Jakob Leber von Brunnadern, Michel Eckert von Herrischried, Joseph Lüber aus der Rütte, Hans Michel Hartmann von Finsterlingen, Leontius Brutsche von Dogern und Hans Fridolin Gerspach von Bergalingen zum Tode. Andere werden mit lebenslänglicher Verbannung, Gefängnis und Schanzarbeiten bestraft. Jüngere Salpeterer werden eingezogen.

1740 Herstellung der ersten Kuckucksuhr. Der Verkauf erfolgt durch Uhrenträger, die die Uhren in einem hölzernen Tragegestell mitführen.

1746 Franz I. erhebt Abt Franz II. (Schächtelin aus Freiburg) in den Reichsfürstenstand.

1755 Ausweisung von 27 Salpeterer-Familien aus dem Hotzenwald ins Banat (heutiges Rumänien) durch ein Dekret der Kaiserin Maria Theresia.

1764 Martin II. (Gerbert), Fürstabt von St. Blasien (1720–1793).

1771 Wiedervereinigung der Markgrafschaft Baden durch Markgraf Karl Friedrich; nach einer 236 Jahre währenden Teilung wird die katholische Markgrafschaft Baden-Baden mit der evangelischen Markgrafschaft Baden-Durlach wiedervereinigt. Markgraf Karl Friedrich handelt nach der badischen Devise: »Tapfer in der Sache, doch mild in der Form.« Johann Peter Hebel beschreibt den Landesvater:

Es leb der Marggrov und si Hus!
Ziehndt d'Chappe ab und trinket us!
Ne bessre Herr treit d'Erde nit!

's isch Sege, was er tuet und gitt;
i cha's nit sage, wie n i sott:
Vergelt's em Gott! Vergelt's em Gott!

Nach dem Brand 1768 Fertigstellung der Abtei St. Blasien 1771 und des Konventgebäudes 1772. Kuppelkirche 1772–1783.

1783 Aufhebung der Leibeigenschaft durch Markgraf Karl Friedrich von Baden, nicht jedoch der Dienste (Beginn der badischen Bauernbefreiung).

1803 Baden wird Kurfürstentum.
Reichsdeputationshauptschluß bringt Baden erheblichen Gebietszuwachs, u.a. rechtsrheinisch die Kurpfalz (Kurfürstenwürde), Gebiete der Bistümer Konstanz, Basel, Straßburg und Speyer.
Beginn der Säkularisierung.

1805 Durch den Preßburger Frieden erhält Baden den Rest des Breisgaus, die Ortenau, Konstanz und die Insel Mainau.

1806 16 süddeutsche Fürsten gründen den Rheinbund und treten aus dem Reich aus. Ende des Heiligen Römischen Reiches Deutscher Nation; Baden wird Großherzogtum, das sich durch eine gut organisierte Verwaltung auszeichnet.
Auflösung des Klosters St. Blasien (1. November) durch den badischen Kurfürsten Karl Friedrich (endgültige Aufhebung am 25. Juni 1807).

1807 Ablösung der Weinmenifronen.

1809 Umsiedlung des Klosters St. Blasien in das Kloster St. Paul im Lavanttal in Kärnten. Der letzte Fürstabt, Berthold III., stirbt 1826, der letzte nach Kärnten gezogene Mönch aus St. Blasien 1862.
Konstitutions-Edikt, das den Juden in Baden bürgerliche Gleichberechtigung gewährt.

1810 Anwendung des Code de Commerce in Baden als Badisches Landesrecht, das erst 1900 durch das Bürgerliche Gesetzbuch abgelöst wird.

1813 Auflösung des Rheinbundes und Koalition gegen Napoleon.

1815 Gründung des Deutschen Bundes (Tagungsort der Bundesversammlung – Bundestag genannt – ist Frankfurt a. M.).

1816 Beitritt Badens zum Deutschen Bund.

1818 Verfassung in Baden, die die erste »vorzüglichste und freisinnigste« im Deutschen Bund ist.

1819 Eröffnung des ersten Landtags in Baden.

1820 Baden erhält Geroldseck; das Nachfolgerecht der Grafen von Hochberg wird offiziell im Frankfurter Territorialrezeß anerkannt; Gesetz über die Ablösung von Herrenfronen.

1823 Geburt des Glockengießers Benjamin Muchenberger aus Blasiwald († 1876, Glockengießerei in Blasiwald, ab 1872 in Wehr).

1824 Veröffentlichung eines Aufsatzes »Über das Schwarzwaldgebirge« von Albrecht Rennger (1764–1835).

1825 Eröffnung der ersten deutschen »Technischen Hochschule« in Karlsruhe.

1827 Freiburg wird neue Erzdiözese.

1831 Abschaffung des Zehnten in Baden (1. Gesetz zur Zehntablösung 1833, 2. Gesetz 1838). Südschwarzwaldkarte als Anhang zu dem Buch über den Schwarzwald von Peter Merian (1795–1883).

1832 Hambacher Fest der süddeutschen Demokraten führt zum Verbot der politischen Vereine. Auf dem Hambacher Fest am 27. Mai wird im Festzug neben der schwarz-rot-goldenen Fahne die polnische weiß-rote Fahne getragen. In den Reden heißt es an einer Stelle: »Ohne Polens Freiheit keine deutsche Freiheit, ohne Polens Freiheit kein dauernder Friede, kein Heil für die europäischen Völker. Darum auf zum Kampfe für Polens Wiederherstellung.«

1835 Beitritt Badens zum Deutschen Zollverein. Forderung des badischen Staatsrechtlers Robert Mohl nach Arbeitsausschüssen zur Beschränkung der Unternehmergewalt.

1840 Einführung der Schulpflicht von mindestens zwei Stunden täglich.

1841 August Heinrich Hoffmann (Hoffmann von Fallersleben 1798 bis 1878) schrieb das Deutschlandlied auf die Melodie von Joseph Haydn aus dem »Kaiserquartett« (Widmung dem österreichischen Kaiser Franz II.).

1848 Am 1. März verkündet Hecker ein 10-Punkte-Programm der Demokraten. Am 19. März fordern Hecker und Struve eine Verfassungsreform. Es kommt zu Unruhen im Land. Die Erhebung wird letztlich niedergeschlagen.

1849 Verkündung der Reichsverfassung. Meuterei der Festung Rastatt, Unruhen in anderen Städten. Am 14. Mai flieht der Großherzog. Es kommt zu einer provisorischen Regierung unter Lorenz Brentano, der den polnischen General Mieroslawski zum Oberbefehlshaber der Neckararmee ernennt.

Preußische Truppen unter Prinz Wilhelm (»Kartätschen-Prinz«) rücken in Baden ein. Niederschlagung des Aufstandes an folgenden Orten: Heppenheim am 30. Mai, Käfertal am 15./16. Juni, Waghäusel am 21. Juni, Murglinie am 29./30. Juni und schließlich Rastatt nach dreiwöchiger Belagerung am 23. Juli. Struve, Schurz und Brentano können entkommen, Auswanderung von 80000 Badenern.

1852 Für den geisteskranken Großherzog Ludwig II. übernimmt sein Bruder als Friedrich I. von Baden (1852–1907) die Regentschaft.

1854 Gründung der Kunstschule in Karlsruhe.

1862 Einführung der Gewerbefreiheit in Baden, bürgerliche Gleichberechtigung der Juden.

1863 Schaffung von elf Großkreisen, u. a. Freiburg, Lörrach und Waldshut.

1864	Gründung des Schwarzwaldvereins als »Verein von Industriellen und Gastwirten«.
1866	Ausscheiden Badens aus dem Deutschen Bund.
1866–1871	Nationale Einigung. In dieser Zeit machte in Südbaden, dem ehemaligen Vorderösterreich, der folgende Vers die Runde: »Herr Bismarck, Herr Bismarck, wir gehn nicht nach Berlin. Es gibt nur eine Kaiserstadt, und die heißt Wien.«
1866–1873	Bau der Schwarzwaldbahn von Offenburg über Donaueschingen nach Konstanz.
1867	Beschreibung der Umgebung von Waldshut von Julius Schill (1821–1880).
1870	Unfehlbarkeitsdogma und Abspaltung der Altkatholiken.
1871–1887	Kulturkampf.
1874	Beginn einer großen Steuerreform. Als Ergänzung zu den Ertragsteuern wird eine Einkommensteuer eingeführt.
1877	Höllentalbahn von Freiburg nach Neustadt.
1879	Badisch-schweizerisches Abkommen über die Nutzung der Wasserkräfte am Hochrhein.
1881	Gründung des ersten badischen Winzervereins in Hagnau am Bodensee durch Pfarrer Heinrich Hansjakob.
1887	Aufnahme des Begriffs »Hotzenwald« in die Literatur.
1888	Der Kirche wird das Recht zur Erhebung einer Kirchensteuer übertragen.
1891	Sozialdemokraten sind zum ersten Mal im Landtag vertreten.
	Anfänge des Wintersports (Feldberg, Todtnau), Notiz im Gästebuch des »Feldberger Hofs«: »R. Pilet, Dr., Heidelberg, Februar 8. 1891, mit Norwegischen Schneeschuhen«. Schnürstiefel und ein schulterhoher Skistock gehörten zu seiner Ski-Ausrüstung noch dazu. Mit Schneereifen stapften die Einheimischen schon lange zuvor durch die Schneelandschaft. Die Schneereifen hatten eine

	flache, zirkelartige Form, die unter die Sohlen der herkömmlichen Schwarzwälder »Wasserstiefel« gebunden wurden.
	Gründung des ersten deutschen Skiclubs in Todtnau. Erstes Ehrenmitglied ist der Polarforscher Fridtjof Nansen.
1892	Umbenennung der Kunstschule in Karlsruhe in Großherzoglich Badische Akademie; Ausrüstung der Postboten auf dem Feldberg mit Skiern.
1895	Ende der Flößertätigkeit im Schwarzwald.
1905	Einführung der Direktwahl zum Landtag.
1918	Am 10. November Bildung einer provisorischen Regierung. Am 22. November danken der König von Württemberg und der Großherzog von Baden ab.
1919	Es wird eine neue Verfassung beschlossen, die durch Volksabstimmung bestätigt wird. Deutschlandlied von Hoffmann von Fallersleben wird zur Nationalhymne.
1922	Beginn der Aktivitäten des Vereins »Badische Heimat« für die Erhaltung von Naturschönheiten.
1926	Eröffnung der Dreiseenbahn von Titisee nach Seebrugg.
1928	Gründung der *Schluchseewerk AG* (15. Dezember).
1930	Ende der französischen Besetzung von Kehl, die mit der Besetzung Mittelbadens 1923 begonnen hat.
1933	Inbetriebnahme des Kraftwerks Häusern; Kauf der Klostergebäude St. Blasiens durch die Jesuiten.
1934	Baden verliert seine Staatlichkeit; Eröffnung des »Kollegs St. Blasien« (Gymnasium mit Internat) bis zur Aufhebung 1939.
1935	Die Justizverwaltung geht auf das Reich über.
1937	Das Notstandsgebiet umfaßt 41 Gemeinden im Hotzenwald.
1940	Verschleppung der Juden nach Südfrankreich.
1942	Mannheimer Widerstandsgruppe »Der Vorbote«.

1943	Inbetriebnahme des Kraftwerks Witznau, aber erst 1950 in vollem Einsatz.
1945	Nach der endgültigen Festlegung der Besatzungszonen wird Freiburg Sitz der Militärregierung. Als Nationalhymne wird nur noch die dritte Strophe von Hoffmann von Fallerslebens Text gesungen: Einigkeit und Recht und Freiheit für das deutsche Vaterland, dafür sollt Ihr alle streben brüderlich mit Herz und Hand. Einigkeit und Recht und Freiheit sind des Glückes Unterpfand – blüh' im Glanze dieses Glückes, blühe deutsches Vaterland.
1947	Annahme der Landesverfassung durch Volksentscheid.
1949	Beginn der Rückgabe der Stadt Kehl, die endgültig 1953 vollzogen wird.
1951	Nach der Volksabstimmung sprechen sich 62,2 Prozent der Abstimmenden bei einer Wahlbeteiligung von 70,5 Prozent für die Wiederherstellung der Länder Baden und Württemberg aus. Inbetriebnahme des Kraftwerks Waldshut.
1952	Bildung des Bundeslandes Baden-Württemberg mit der Hauptstadt Stuttgart aus den Ländern Südbaden, Württemberg-Baden und Württemberg-Hohenzollern (Hauptstadt Tübingen).
1953–1960	Hotzenwaldprogramm zur Verbesserung der Infrastruktur.
1971–1973	Verwaltungs- und Gebietsreform. Nach der zum 31. 12. 1974 erfolgten Verwaltungsreform gibt es u. a. noch folgende selbständige Gemeinden: Grafenhausen (Staufen mit Mettenberg wird am 1. 4. 1974 eingegliedert). Häusern (keinerlei Veränderung). Höchenschwand (Tiefenhäusern wird am

	1. 7. 1971, Amrigschwand am 1. 10. 1974 eingegliedert).
	St. Blasien (eingegliedert werden am 1. 7. 1974 Menzenschwand und am 1. 10. 1974 die Gemeinde Albtal mit Immeneich und Schlageten).
	Ühlingen-Birkendorf (die Gesamtgemeinde führt ab dem 1. 1. 1975 diesen Namen. Eingegliedert werden Hürrlingen am 1. 7. 1971, Obermettingen am 1. 7. 1972, Riedern am Wald am 1. 12. 1972, Untermettingen am 1. 1. 1974, Brenden, Berau und Birkendorf am 1. 1. 1975).
	Waldshut-Tiengen (am 1. 1. 1975 wird aus Waldshut, Tiengen und Gurtweil die Stadt Waldshut-Tiengen. Ab dem 1. 7. 1976 ist diese Große Kreisstadt).
	Weilheim (eingegliedert werden Nöggenschwiel, Remetschwiel, Bannholz und Bierbronnen am 1. 1. 1975).
1977	Großbrand in den alten Klosterbauten (Kolleg St. Blasien), teilweise Vernichtung des Westflügels und des Portals.
1977–1983	Wiederaufbau der Westhälfte des Klosters.
1980	Veröffentlichung des Buches *Geologische Landeskunde des Hotzenwaldes* von Rudolf Metz.
	Renovierung des Kuppelraumes im Dom St. Blasien. Neuvergoldung der Kuppelkugel mit Kreuz und des Kruzifixes über der Eingangshalle.
1981	Diskussion um das Waldsterben (Umweltproblematik).
1983	Wiedereröffnung des renovierten Domes St. Blasien.
1987–1988	Neugestaltung des Blasiusbrunnens auf dem Domplatz von St. Blasien.

Literaturhinweise

Abel, Wolfgang, *Freiburg, Markgräflerland, Südwestschwarzwald,* Oase Verlag, Badenweiler, 3. Auflage 1989/1990.

Agricola, Georg, *Vom Berg- und Hüttenwesen,* Deutscher Taschenbuchverlag, München 1977.

Glas, Max und Schmeltzer, Hartmut, *Mineral-Fundstellen Baden-Württemberg,* Band 3, Christian Weise Verlag, München 1981.

Hansjakob, Heinrich, *Die Salpeterer,* 1866, Reprint Waldkircher Verlag.

Hebel, Johann Peter, *Poetische Werke,* Winkler Verlag, München 1988.

Hesse, Hermann, *Italien,* Suhrkamp Verlag, Frankfurt 1983.

Hofstätter, Hans H., *Das Schwarzwaldbild,* Augustinermuseum Freiburg.

Kaschnitz, Marie Luise, *Beschreibung eines Dorfes,* Suhrkamp Verlag, Frankfurt 1979, Band 645.

Der heilige Laurentius auf dem Brendener Berg, hg. von der Pfarrgemeinde Brenden, 1990.

Matt-Willmatt, H. und B., Goldammer, H., *Sagen vom Hochrhein und Hotzenwald,* Moritz Schauenburg Verlag, Lahr 1986.

Merian, *Schwarzwald,* 1989.

Metz, Rudolf, *Geologische Landeskunde des Hotzenwalds,* Moritz Schauenburg Verlag, Lahr 1980.

Mezger, Werner, *Narretei und Tradition, Die Rottweiler Fasnet,* Konrad Theiss Verlag, Stuttgart 1984.

St. Michael, Höchenschwand, hg. von der katholischen Kirchengemeinde, Höchenschwand 1987.

Morath, Rudolf, *Blasiwald,* Druckerei und Verlagsanstalt Konstanz GmbH, Konstanz, 2. Auflage 1972.

Müller, E., *Der Bauernkrieg im Kreise Waldshut,* Ettikon 1961; *Der Schwarzmichel – Aus dem Leben eines Salpeterers,* Verlag Rombach, Freiburg 1980.

Pletscher, Samuel, *Erinnerung an den Schluchsee und seine Umgebung im südlichen Schwarzwald,* 1. Band, *Eigenthum der Gasthäuser in Schluchsee, Aha und Seebrugg,* 1882.

Regio Magazin, Monatszeitschrift im Dreiländereck (am südlichen Oberrhein mit den Städten Freiburg, Mulhouse und Basel), Medela-Pharma-Verlag GmbH, Teningen.

Rilke, Rainer Maria, *Das Buch der Bilder,* Insel Verlag, Wiesbaden 1973.

Sandt, Heinrich van de, *Enzyklopädie des Geldes,* Pädagogik & Hochschulverlag, Krefeld, 1. Band 1987.

Sayn-Wittgenstein, Franz, *Schwarzwald,* Prestel Verlag, München, 3. Auflage 1980.

Schilli, Hermann, *Schwarzwaldhäuser,* Badenia Verlag Karlsruhe, 2. Auflage 1978.

Stegmaier-Breinlinger, Renate, *Von der Hirtenschule zur Hauptschule – Die Geschichte der Schule Schluchsee,* Konkordia Verlag, Bühl 1973.

Steinert, Bernhard, *Schluchsee,* hg. von der Gemeinde Schluchsee/Hochschwarzwald, 1983; *St. Blasier Land,* Gesamtausgabe III, Verlag Johannes Maier Buchhandlung St. Blasien, 1987.

Thoma, Hans, *Lebensbilder,* Gemäldeausstellung zum 150. Geburtstag, Augustinermuseum Freiburg, Karl Robert Langewiesche Nachfolger Hans Köster Verlagsbuchhandlung KG, Königstein 1989.

Twain, Mark, *Bummel durch Europa,* Insel Verlag, Frankfurt am Main 1985.

Wanderkarten ATLASCO

Nr. 211 Bernau – Dachsberg – Häusern – Höchenschwand – Ibach – St. Blasien.

Nr. 224 Bonndorf – Grafenhausen (Brenden).

Nr. 259 Menzenschwand – Schluchsee.

Weitere Veröffentlichungen des Verfassers:

USA – Der Nordwesten, Eine Reise in Schönheit, Verlag Schwarz GmbH, Baden-Baden 1986.

Investieren in USA, Gillardon Verlag, Bretten 1981.

Unternehmensstrategie, Richard Scherpe Verlag, Krefeld 1980.

USA – Eine Reise durch den Westen, ebd. 1979.

IRAK – Ein Land im Aufbruch, ebd. 1977.

Der Unternehmer, ebd. 1967.

Struktur und Strukturproblematik, ebd. 1963.

Bildnachweis

Zum Bildmaterial haben beigetragen:
H. Bäse, A. Kaiser, H. Kopp, M. van de Sandt.

Zum Autor

Richard van de Sandt, geboren 1936 in Hannover, studierte in Europa und Amerika. Nach einer kaufmännischen Lehre in Düsseldorf und München sowie einem Bankvolontariat in New York hat er ab 1967 leitende kaufmännische Führungspositionen wahrgenommen. Seit 1990 ist er Mitinhaber eines Industrieunternehmens.
Die publizistischen Früchte seiner vielen Reisen in nur wenige Gebiete waren mehrere Bücher: 1977 erschien »Irak – Ein Land im Aufbruch«, 1979 »USA – Eine Reise durch den Westen« und 1986 »USA – Der Nordwesten«. Der Südschwarzwald als eine Landschaft der Ruhe hat ihn schon seit früher Kindheit fasziniert und zur Niederschrift dieses Buches bewegt.

Wichtige Adressen und Telefonnummern

Fremdenverkehrsverband Schwarzwald e.V.
Bertoldstraße 45
Postfach 1660
7800 Freiburg/Br.
Telefon: 0761/31317
Telex: 7721924 fvs d
Telefax: 0761/36021

Schneetelefone Schwarzwald
Feldberg Telefon: 07676/225 und 0761/11509

Urlaub auf dem Bauernhof
Verein zur Förderung des Urlaubs auf dem Bauernhof
Postfach 5443
7800 Freiburg/Br.
Telefon: 0761/2713390

Prospekte und Informationen

Verkehrsgemeinschaft Hochschwarzwald
Stadtstraße 2
7800 Freiburg/Br.
Telefon: 0761/2187304

Verkehrsgemeinschaft Südl. Schwarzwald,
Wiesental-Markgräfler Land
Palmstraße 3
7850 Lörrach
Telefon: 07621/410439

Verkehrsgemeinschaft Südl. Schwarzwald,
Hochrhein-Hotzenwald
Postfach 1642
7890 Waldshut-Tiengen
Telefon: 07751/86444 oder 86-0

Schwarzwald-Orts-Informationen

Brenden (900 m): Verkehrsverein Brenden, Tel.: 07747/499
Häusern (900 m): Kurverwaltung, Tel.: 07672/1462
Höchenschwand (1015 m): Kurverwaltung, Tel.: 07672/2547
Menzenschwand (850 m): Kurverwaltung, Tel.: 07675/876
Schluchsee (930 m): Kurverwaltung, Tel.: 07656/7732 + 7733

Alpersbach
Hinterzarten
NEUSTADT
Kirchsteig
weiler
Titisee
317
Saig
Gutach
Bruderhalde
Hiera
315
Mühlingen
Kappel
Feldsee
Vorder-
bärental
Vorderfalkau
Raitenbuch
Mittel-
Hinter-
Feldbergerhof
Feldberg
(Schw.)
Hinter-
Lenzkirch
Stallegg
Hebelhof
Fahl
Feldberg
Altglashütten
Schwende
Fischbach
HOLZSCHLAG
317
Brandenberg
Ober-
aha
Aha
Grünwald
Unterfischbach
500
Hinterdorf
Äule
Hof
MENZENSCHWAND
Schluch-
see
Balzhausen
Faulenfürst
Vorderdorf
Dorf
Riggenbach
Schluchsee
Dürrenbühl
Kaiserhaus
Innerlehen
Muchenland
Sommerseite
zu Schönau
Bernau
Ober-
schwarzhalden
Rothaus
Unterlehen
Blasiwald
Oberlehen
Straß
Loch
Brünlisbach
PRÄG
Grafenhausen
Alb
Althütte
Seignau
Schönenbach
Gerolds-
hofstetten
Muttersleheh
St. BLASIEN
Rippolds-
ried
Weg
Rütte
Häusern
Staufen
Hintertodtmoos
Lehen
Schwarza-
bruck
Mettenberg
Höfle
Bulgen-
bach
Buggenried
Ibach
Ruchen-
schwand
Horbach
Urberg
Igel-
schlatt
500
Todtmoos
Höchenschwand
Oberes Schlüchttal
Unter-
kutterau
Heppen-
schwand
Witten-
schwand
Schmalen-
berg
Attlisberg
Stritt-
berg
Ühlingen-
Dachs-
Brenden
Glashütte
Ballenberg
Frohn-
schwand
Amrigschwand
Hürrlingen
Ellmenegg
Segalen
Schlageten
berg
Albtal
Ob.
Riedern
a. W.
Wehrhalden
Finsterlingen
Mettma
Schwarza
Fröhnd
Unt.
Weschnegg
Rickenbach
Hierholz
Immen-
eich
Tiefenhäusern
Berau
Au
Wolpadgn.
(Südschwarzw.)
Brunnadern
Kloster
Engel-
schwand
Hier-
bach
Happingen
Nöggenschwiel
Berg-
haus
Groß-
herrischwand
Witznau
Nieder-
mühle
Heubach
Bannholz
Giersbach
Hartschwand
Rütte
Stehle
Remet-
schwiel
Bierbronnen
Diet-
lingen
Wilfingen
Rot-
zingen
Ay
Rohr
AICHEN
Herrisch-
ried
OBERALPFEN
WALDKIRCH
Sage
Aispel
Weilheim
Strittmatt
Burg
Gutenburg
INDLEKOFEN
Segeten
Ober-
Görwihl
gebisbach
Unter-
alpfen
Schmit-
zingen
Nieder
Hogschür
Gaiß
BREITENFELD
Grunnetsmättle
Bürglen
Rohr
GURTWEIL
Altenschwand
500
Steinbach
Kuchelbach
TIENGEN
Rüßwihl
ESCH-
BACH
Ricken-
Hottingen
WALDSHUT-TIENGEN
Birndorf
Lauffen-
mühle
Tiefenstein
98
Birkingen
Lauchringen
bach
Etzwihl
Oberwihl
Schaden-
birndorf
Niederwihl
Full-
Willaringen
Buch
Ettikon
Dogern
Reuen-
thal
Koblenz
Wieladingen
Hänner
Schachen
Kiesenbach
RÖTZEL
399
HOCHSAL
380
Rietheim
Im Sood
Albert
Alb
Gippingen
Zurzach
RIPPOLINGEN
Oberhof
HAUENSTEIN
17
Leibstadt
Hammer
GRUNHOLZ
534
Schwaderloch
HARPOLINGEN
BINZ-
GEN
Klingnau
Zechen-
wihl
Burg
Leuggern
Etzgen
Hettenschwil
Döttingen
Rainach
LAUFENBURG
Kleindöttingen
SÄCKINGEN
Diegeringen
Mettau
Rhina
Rekin
Murg
356
Wil
358
Balding
Oberhofen
Sisseln
Hottwil
Böttstein
Tegerfelden
Laufenburg
Rheinsulz
Mandach
Unterendingen